Theologische Studien

Neue Folge

T V Z

Theologische Studien

Neue Folge

herausgegeben von
Thomas Schlag, Reiner Anselm,
Jörg Frey, Philipp Stoellger

Die Theologischen Studien, Neue Folge, stellen aktuelle öffentlichkeits- und gesellschaftsrelevante Themen auf dem Stand der gegenwärtigen theologischen Fachdebatte profiliert dar. Dazu nehmen führende Vertreterinnen und Vertreter der unterschiedlichen Disziplinen – von der Exegese über die Kirchengeschichte bis hin zu Systematischer und Praktischer Theologie – die Erkenntnisse ihrer Disziplin auf und beziehen sie auf eine spezifische, gegenwartsbezogene Fragestellung. Ziel ist es, einer theologisch interessierten Leserschaft auf anspruchsvollem und zugleich verständlichem Niveau den Beitrag aktueller Fachwissenschaft zur theologischen Gegenwartsdeutung vor Augen zu führen.

Theologische Studien

NF 6 – 2012

Christine Gerber

Paulus, Apostolat und Autorität,
oder Vom Lesen fremder Briefe

TVZ
Theologischer Verlag Zürich

Gedruckt mit freundlicher Unterstützung der Ulrich Neuenschwander-Stiftung

Bibliografische Informationen der Deutschen Nationalbibliothek

Die Deutsche Nationalbibliothek verzeichnet diese Publikation in der Deutschen Nationalbibliografie; detaillierte bibliografische Daten sind im Internet über http://dnb.d-nb.de abrufbar.

Umschlaggestaltung: Simone Ackermann, Zürich

Druck: ROSCH-BUCH GmbH, Scheßlitz

ISBN 978-3-290-17805-5

© 2012 Theologischer Verlag Zürich

www.tvz-verlag.ch

Alle Rechte vorbehalten

Den «Neutestamentlerinnen» in der deutschen Sektion der European Society of Women in Theological Research

Inhaltsverzeichnis

I Vom Lesen fremder Briefe – zum Thema der Studie 9

Wir sind nicht «wir» 10
Doch wer liest, wenn nicht wir? 12
Historisch-kontextuelle Exegese und die Rolle der Leserin ... 13
Vom Lesen fremder Briefe als solcher 15
Zum Aufbau der Studie 17

II «Wie wenn ich anwesend wäre» (1Kor 5,3) – zur Bedeutung der Brieflichkeit 19

1) Zur Form und Topik der Paulusbriefe 20
2) Die wechselseitige Bedeutung von Brief und Beziehung ... 23
   «Verwaist nur von Angesicht, nicht im Herzen» (1Thess 2,17) 25
   «Seine Briefe, sagt man, sind gewichtig und stark,
   seine körperliche Anwesenheit schwach und seine Rede
   nichtswürdig» (2Kor 10,10) 27
3) Apostolische Autorität der Paulusbriefe? 29
4) Die Bedeutung der bleibenden Beziehung für den Glauben 31

III «Bin ich nicht Apostel?» (1Kor 9,1) – zur Bedeutung des Apostolats 35

1) Zur Bedeutung von *apostolos* 37
   Apostolos in den authentischen Paulusbriefen 39
   Die Begriffsverwendung durch Paulus in Bezug auf seine
   eigene Person 41
2) Apostelrecht und Unterhaltsverzicht des Paulus 43
   Der vorbildliche Unterhaltsverzicht (1Kor 9) 44
   Die Amme, die ihre leiblichen Kinder versorgt (1Thess 2,7) 45
   Die Verteidigung des Unterhaltsverzichts (2Kor 11f) 47
3) Der Apostolat des Paulus und apostolische Sukzession ... 48
4) Der persönliche Apostolat des Paulus 51

IV Ich habe euch Christus verlobt» (2Kor 11,2) – die metaphorische Inszenierung der Beziehung 53

1) Metaphern verstehen am Beispiel von 2Kor 11,2–4 56
   Was ist eine Metapher? 56
   Metaphernauslegung am Beispiel von Brautwerber Paulus
   (2Kor 11,2f) 58
   Die Wirkung von Metaphern 61
2) Paulus in Wehen (Gal 4,19) und andere Familiengeschichten 63
   Familienmetaphorik im 1. Thessalonicherbrief........................... 65
   Elternschaft und Bekehrung (1Kor 4,14f und Phlm 10) 66
   Wiederholte Gebärarbeit: Gal 4,19 im Kontext des
   Galaterbriefes 67
   Familienbande 69
3) Paulus als Botschafter der Versöhnung (2Kor 5,18–20) – vom
   Umgang mit biographischen Brüchen 70
   Der Kontext (2Kor 5,11–17) 71
   Der Bildspender: Gesandtschaft und Versöhnung 72
   Die Metapher vom «versöhnten Versöhner»............................. 73
   Ein Bild für die Stellvertretung Christi 74
4) Metaphorische Beziehungsarbeit – Schlussfolgerungen 75

V «Werdet meine Nachahmer!» (1Kor 4,16) – Niedrigkeit und Autoritätsanspruch 79

1) Streit in Korinth... 79
   «Ich bin des Paulus!» – «Ich bin des Apollos» ...! (1,10–17) 79
   Der Logos vom Kreuz (1,18–25) 81
   Nicht Stärke oder Weisheitsworte (1,26–31; 2,1–5) 82
2) Paulus als Gärtner, Baumeister, Erzeuger und Vorbild 83
   Gärtner im Garten Gottes (3,5–9.9–17) 83
   Bauleute und ihre Verantwortung (3,9–17) 84
   Der einzige Erzeuger als Vorbild (4,14–21) 85
3) Niedrigkeit und Autoritätsanspruch des Paulus........................ 88

VI «Was sollen wir nun hierzu sagen?» (Röm 8,31) – ein Schluss 91

Literaturverzeichnis... 95

I Vom Lesen fremder Briefe – zum Thema der Studie*

«Und haltet die Langmut unseres Herrn für die Rettung, wie euch auch unser geliebter Bruder Paulus in der ihm gegebenen Weisheit schrieb, wie auch in allen Briefen, wenn er in ihnen darüber spricht. In diesen Briefen ist einiges schwer zu verstehen. Das verdrehen die Unkundigen und Ungefestigten wie auch die übrigen Schriften zu ihrem eigenen Verderben» (2Petr 3,15f).[1]

Diese Passage wird gern zitiert in der neutestamentlichen Zunft. Schon einige Jahrzehnte nach dem Tod des Paulus[2] hat man die Paulusbriefe als schwer verständlich und in ihrem Sinn umstritten empfunden. Aus der Sicht mancher Paulusexegese ist der 2. Petrusbrief gleich selbst ein Beleg dafür, da er höchstens pauschale Kenntnis der paulinischen Theologie zeigt.[3]

Interessant ist aber auch, dass bereits der Verfasser dieser Schrift offenbar mehrere Paulusbriefe kennt und unterstellt, dass diese Briefe sich an «euch» richten. Auch wenn die Adressierung des Briefes ganz allgemein gehalten ist («denen, die den gleichen Glauben erlangt haben [...]» 2Petr 1,1), sind die so Angeredeten sicher nicht identisch mit den Adressatinnen[4] der Paulusbriefe.

---

* Für die Anregung zu dieser Studie und Übernahme in die Reihe «Theologische Studien» sei dem Theologischen Verlag Zürich, namentlich Frau Marianne Stauffacher, und als Herausgeber Herrn Prof. Dr. Thomas Schlag gedankt. Für inhaltliche Anregungen und Korrekturlesen danke ich herzlich stud. theol. Hanne Barbek, Dipl. theol. Nina Heinsohn, Dr. Ulrike Kaiser und cand. theol. Konrad Schwarz und Dr. Martin Vetter.
   Die Widmung dankt Kolleginnen für die bald zwanzigjährige vertrauensvolle Gemeinschaft im Nachdenken über Sinn, Methoden, Freuden und Leiden der Arbeit am Neuen Testament.
   Die exegetischen Grundlagen für die hier pointiert zusammengefassten Überlegungen habe ich in der Monographie «Paulus und seine Kinder» entfaltet. Ich erlaube mir, auf die dortigen Detailexegesen zu verweisen. Literaturhinweise sind hier insgesamt beschränkt auf Schriften, die Themen und weitere Literatur gut erschließen.

1 Die Übersetzungen sind, wenn nicht anders angegeben, von der Verfasserin.
2 Paulus ist vermutlich in der Mitte der 60er Jahre in Rom hingerichtet worden. 2Petr ist nach breitem Konsens die jüngste Schrift des Neuen Testaments, erst im ersten Viertel des 2. Jh. n.Chr. entstanden. Zu den Fragen der Briefabfassung vgl. Paulsen, Der Zweite Petrusbrief, S. 93–95.
3 Paulsen, a.a.O., S. 172–174.
4 Um sichtbar zu machen, dass es bei den Rezipienten und Rezipientinnen der Briefe des Paulus und sonstigen Akteuren damals wie heute nicht nur um Männer geht, umständliche Formulierungen jedoch zu vermeiden, verwende ich in diesem Essay maskuline und feminine Formen in lockerer Reihung. Beide Formen mögen, wenn sie sich nicht auf Menschen eines Geschlechts beziehen, gelesen werden als Referenz auf Menschen jedweden Geschlechts.

9

Doch warum sollte dieser fiktive Brief auch nicht so verfahren? Derartige «Nostrifizierungen» der Paulusbriefe sind ja bis heute beliebt. «Paulus schreibt, wir sollen uns freuen», oder «wir sind durch das Gesetz dem Gesetz gestorben [...]», so oder ähnlich kann man es oft in Predigten hören. Sogar in wissenschaftlichen Untersuchungen wird das «Wir» oder «Ihr» in Paulusbriefen schnell übersetzt in ein «Wir» der Leserinnen, vermutlich in der Unterstellung, dass alle Leser den christlichen Glauben teilen.

Zu solchen identifikatorischen Lektüren laden vor allem die Briefe des Neuen Testaments, namentlich die des Paulus ein. Denn sie zeichnen sich unter den biblischen Schriften aus durch direkte Anreden in der 2. Person Plural und viele Aussagen in einem kollektiven «Wir».

Allerdings zeigt eine kleine Gegenprobe, dass die Bereitschaft, sich vom Brief ansprechen zu lassen, auch ihre Grenzen hat. Selten dürften wir in evangelischen Predigten hören, Paulus wolle, dass wir ohne Sorge seien und deshalb besser nicht heirateten (1Kor 7,32). Auch fühlen wir uns sicher nicht verantwortlich, wenn Paulus schreibt: «Ich bin ein Narr geworden – ihr habt mich gezwungen!» (2Kor 12,11). Und die scharfe Frage, «Was wollt ihr? Soll ich mit dem Stock zu euch kommen oder mit Liebe und sanftmütigem Geist?» (1Kor 4,21) löst bei uns nicht mehr den Reflex aus, sich auf einen Besuch des Paulus vorzubereiten.

Wir sind nicht «wir»[5]

Einige Beispiele mögen verdeutlichen, dass das Einstimmen in das «Wir» auch zu inhaltlichen Verschiebungen führt. Wenn Paulus schreibt: «Das alles ist von Gott, der uns mit ihm selbst versöhnt hat durch Christus und uns die Aufgabe der Versöhnung gegeben hat» (2Kor 5,18), dann spricht er nicht von einem «Amt der Versöhnung», das der Kirche anvertraut sei, sondern von sich persönlich, dem in seiner Berufung Gottes Versöhnung zuteil wurde.[6]

Missverständnisse dieser Art können freilich produktiv und theologisch bedeutsam sein. Das zeigt sich etwa an der Rezeption von Röm 7 bei Martin Luther. «Denn ich weiß nicht, was ich tue. Denn ich tue nicht, was ich will; sondern was ich hasse, das tue ich» (Röm 7,15 Lutherübersetzung) – in

---

5 Wenn in dem Essay mit «Wir» die imaginierten Leserinnen und Leser einbezogen werden, ist – wiederum kontextuell bestimmt – an eine Leserschaft gedacht, die einem westlich geprägten Diskurskontext entstammt und mit den Bibeltexten eine gewisse Vertrautheit hat. Ich hoffe, dass die Lektüre auch für die, die sich in diesem «Wir» nicht angesprochen sehen, von Interesse ist.
6 Vgl. dazu Kap. IV 3).

diesem Stoßseufzer fand Luther sich und die Situation des Christenmenschen allgemein bestens beschrieben. Er leitete aus Röm 7 – gegen die zu seiner Zeit gängige Deutung – ab, dass der Christenmensch immer zugleich sündig und gerechtfertigt sei, in der berühmten Formel: *simul iustus et peccator*.[7] In diesem Fall liegt das Missverständnis nicht in einem «Wir», sondern dem «Ich»: Paulus schreibt in der 1. Person Singular von dem Menschen, der sich unter der Sünde gefangen sieht, weshalb sein Tun nicht dem Verstandeswillen folgt. Luther hat dieses Ich verstanden als das Ich des «Christen». Doch Paulus sprach nicht vom geistlichen Menschen, sondern vom Menschen ohne Christus[8]. Er beschrieb die Situation des «Ich» unter dem Gesetz, das noch nicht «geistlich» ist, um zu erklären, wie Sünde und Gesetz zueinander stehen. Paulus ging es in Röm 7 nicht um christliche Anthropologie, sondern darum, seine Theologie zu verteidigen. Seine Argumentation könnte missverstanden werden, als meine er, dass das Gesetz Gottes letztlich Sünde sei (7,7). Darum erklärt er, dass das Gesetz zwar «heilig, gerecht und gut» ist (7,12), aber den Menschen nicht vom Sündigen abzuhalten vermag, weil er «verkauft ist» unter die Sünde (7,14). Erst Christus macht den Menschen frei für die Erfüllung des Willens Gottes: «Denn das Gesetz des Geistes zum Leben in Christus Jesus hat dich frei gemacht von dem Gesetz der Sünde und des Todes» (Röm 8,2). Luther hatte eine andere Situation vor Augen als Paulus, der optimistisch damit rechnete, dass sich in der kurzen Zeit, die bleibt, der von Christus befreite Mensch der Sündenmacht entziehen kann. Doch für das Christenleben, das selbstkritisch feststellt, dass es dem Willen Gottes letztlich nicht entsprechen kann, hat die lutherische Lehre von der Dialektik des geistlichen Menschen große Plausibilität. Luther liest Paulus als Antwort auf eine Frage, die Paulus sich gar nicht stellte. Die Antwort Luthers ist gewiss nicht obsolet – allerdings ihre Legitimation mit Röm 7.

Die Diskussion über die Angemessenheit der lutherischen Paulusauslegung wird in den letzten Jahrzehnten grundsätzlicher geführt: Die Luthertradition versteht die paulinische Rechtfertigungslehre individual-soteriologisch, als Zusage, dass der einzelne Mensch aufgrund seines Glaubens, nicht seiner Werke von Gott als gerecht anerkannt wird. Doch, so sagen Deutungen der

---

7 Vgl. Luther, Vorlesung, S. 43ff. Luther knüpfte damit an Augustin an und wandte sich gegen die Theologie seiner Zeit, nach welcher der getaufte Mensch im Wesen von der Sünde befreit sei.
8 Kümmel, Römer 7, war ein Markstein der Widerlegung einer biographischen Auslegung von Röm 7. Zur Paulusrezeption des Luther vgl. insgesamt Stolle, Luther und Paulus.

«New Perspective on Paul»,[9] Paulus sei es nicht um das Seelenheil des Einzelnen gegangen, sondern darum, dass der Unterschied zwischen jüdischen Menschen, die schon immer von Gott wussten und seine Tora besaßen, und nichtjüdischen Menschen, den Völkern, in Christus aufgehoben ist: Wenn ein Mensch aufgrund seines Glaubens an Gottes Heilshandeln in Jesus Christus gerecht wird, dann spielen die genealogische Zugehörigkeit zum jüdischen Volk und Zeichen wie die Beschneidung keine Rolle mehr für die Annahme durch Gott.

Unabhängig davon, wie man sich in dieser Debatte positioniert, wird ein Aspekt in das Bewusstsein gerückt: Dass wir die Paulusbriefe missverstehen, wenn wir uns nicht vor Augen halten, dass Paulus eine gegenüber heutigen Fragen völlig andere Situation und damit auch Semantik der Begriffe voraussetzt. Zu seiner Zeit gibt es noch keine Bezeichnung wie «Christ» oder «christlich», sondern nur die Ahnung, dass etwas Drittes zwischen dem alten Dual von «Juden und Völkern» entsteht.

Manches «Wir» meint bei Paulus «wir geborene Juden» (so in Gal 3,13), und mit «ihr» sind dann die neu bekehrten nichtjüdischen Menschen unter den Christusgläubigen angesprochen. Weder mit den einen noch den anderen sollten «wir» uns einfach identifizieren, auch wenn «wir» uns als Christinnen verstehen. Denn «Christ» wird heute in einem ganz anderen Paradigma von Religionen eingeordnet, während es damals um die ethnisch-religiöse Unterscheidung von Juden und Nichtjuden ging.

Doch wer liest, wenn nicht wir?

Die Beispiele zeigen, dass Paulus in seinen Anreden bestimmte Menschen vor Augen hatte, die unter kulturell wie religiös völlig anderen Voraussetzungen lebten als wir Heutigen, und dass er auf seine Begabung und individuelle Berufung anspielen kann, derer wir uns nicht anheischig machen sollten. Was also legitimiert uns, eine Auswahl von – uns genehmen? – Aussagen zu lesen, als gälten sie uns? Paulus sprach nicht mit Menschen wie uns, die ihm völlig fremd wären und mit deren Existenz zu rechnen für ihn, der die Wiederkunft des Herrn in Bälde erwartete, jenseits der Denkmöglichkeiten lag.

Allerdings: Was sollen wir mit den Briefen des Paulus, wenn sie uns nichts zu sagen haben?

---

9 Vgl. Strecker, Paulus.

Aus dieser Spannung entspringt das Thema und Anliegen dieses Essays: Wie können wir Texte lesen, die nicht für uns geschrieben sind, denen wir aber dennoch eine Bedeutung für uns unterstellen? Die kleine Studie will nicht ein weiteres oder gar besseres «Paulusbuch» sein, gibt es doch lesenswerte Einführungen in das Leben[10], in die Briefe[11] und in die Theologie[12] des Paulus und neue Zugänge, die die kulturelle Differenz thematisieren.[13] Hier gilt die Aufmerksamkeit vielmehr einem bestimmten Aspekt, der Kommunikationsdimension der Schriften. Es soll deutlich werden, wie stark die uns überkommenen paulinischen Schriften als *echte Briefe* davon geprägt sind, dass sie aus ganz bestimmten Kommunikationssituationen heraus entstanden sind. «Form» und «Inhalt» lassen sich hier nicht trennen, es liegt uns keine «paulinische Theologie» abstrahiert von den Situationen der Briefentstehung vor. Was bedeutet das für unsere Lektüre, wenn wir uns gegen alle gefühlte Vertrautheit und die Reflexe zur «Direktübertragung» in die Gegenwart klar machen, dass wir «fremde Briefe» lesen?

Historisch-kontextuelle Exegese und die Rolle der Leserin

Seit der Aufklärung bemüht sich die «historisch-kritische» Exegese, die zeitliche wie kulturelle Distanz zwischen den biblischen Texten und der Exegese nicht zu ignorieren, sondern sie auszuloten und zu überbrücken durch eine Lektüre, die den ursprünglichen Kontext zum Ausgangspunkt nimmt. So bleibt keiner Theologiestudentin heute dieses «Methodenproseminar» erspart. Die detaillierte Philologie wird ergänzt durch die historische Kritik, welche die vermutliche Entstehung der Schriften eruiert. Die religionsgeschichtlichen oder traditionellen Voraussetzungen müssen rekonstruiert, die Semantik der Worte erhoben werden. Der Kontext der einzelnen Aussagen ist zu bestimmen, ebenso ihr jeweiliger argumentativer Zusammenhang und ihre Pragmatik. Auch wenn diese Art der historischen Lektüre nur annäherungsweise die Erstrezeption erreicht, hat sie das Verständnis für die ursprünglichen Aussagekontexte geschärft – und den Anspruch untermauert, auf diese Weise zu erkennen, was Paulus oder «der Text» sagen will.

In den letzten Jahrzehnten ist allerdings dieser Wunsch, die Distanz so zu überwinden und auf das zu stoßen, «was Paulus uns sagt», herausgefordert

---

10 Vgl. etwa die Paulusbücher von Lohse, Reinmuth, Schnelle und Haacker.
11 Vgl. Wischmeyer (Hg.), Paulus, sowie die Beiträge in Ebner/Schreiber, Einleitung.
12 Vgl. vor allem Schnelle, Paulus; Hahn, Theologie, S. 180ff, und Wolter, Paulus, als Rekonstruktionen der Theologie des Paulus.
13 Vgl. die verschiedenen Beiträge in Verkündigung und Forschung 55 (2010).

worden durch die Wende von der produzentenorientierten zur rezeptionsorientierten Literaturwissenschaft bzw. Semiotik. Die Einsicht, dass die Lektüre an der Sinngebung des Textes mitwirkt, basiert auf hermeneutischer Selbstbesinnung, die theoretisch erklärt, was sich in der Fülle der Auslegungsmöglichkeiten und -kontroversen manifestiert: Der Leser, die Hörerin sind nicht wegzurationalisieren aus der Sinngebung eines Textes. Denn der Sinn eines Textes ist nicht einfach das, was der Autor sagen wollte, er ist nicht im Text selbst, nicht in seinen Buchstaben fixiert, sondern entsteht erst im «Akt des Lesens»[14], in der Rezeption, der Lektüre des Textes. Die Verweisfunktion der Zeichen des Textes, der Worte, der Syntax ist nicht ohne Zutun der Rezipientin realisierbar, und in dem Maße, wie etwa die Verweise mehrdeutig sind, Ellipsen im Text sind oder der Text auf Wissen referiert, das uns entzogen ist, wird hier stets ein Interpretationsspielraum bleiben.

Gilt dann nicht, frei nach 1Kor 6,12 für die Lektüre: «Alles ist erlaubt, nur nützt nicht alles»? Mit welchem Recht sind dann Aneignungen wie die eben beispielhaft genannten zu kritisieren? Semiotische Literaturwissenschaft und Exegese machen deutlich, dass es «Grenzen der Interpretation» gibt. Diese liegen nicht in dem, «was Paulus meinte», nicht in einer *intentio auctoris*, der Absicht des Verfassers, die «hinter» dem Text stünde. Maßstab der Interpretation sind vielmehr die dem Text eingeschriebenen und aus ihm zu erhebenden Deutungsmöglichkeiten. Diese ergeben sich aber erst in der Lektüre.[15]

Nur angedeutet werden kann hier, dass damit die Idee des Schriftprinzips, dass «die Schrift» Norm der christlichen Theologie sei, auf einige Proben gestellt ist.[16] Die traditionell der Schrift zugeschriebenen Eigenschaften, die «notae scripturae» der inneren und äußeren Klarheit und Selbstinterpretation, sind jedenfalls nicht im Sinne eines einfachen «wie geschrieben steht» abzurufen. Die einzig wahre Rekonstruktion kann es, wenn die Lesenden an der Sinngebung des Textes mitwirken, nicht geben. Eine abschließende und allgemeingültige Interpretation von Schriftaussagen ist nicht möglich. Das aber muss nicht nur als Verlust an klarer Orientierung wahrgenommen werden, sondern kann auch die eigene und gemeinschaftliche Lektüre motivie-

---

14 Die Formulierung geht zurück auf Iser, Akt des Lesens. Die weitergehende Entwicklung einer rezeptionsorientierten Literaturwissenschaft kann hier nicht entfaltet werden; vgl. Mayordomo, Den Anfang hören, S. 27–195.
15 Die Auslotung der «Grenzen der Interpretation» geht auf den Ansatz Ecos zurück. Als Beispiele semiotischer Auslegungen neutestamentlicher Schriften vgl. Alkier, Wunder; Pellegrini, Elija.
16 Vgl. genauer Moxter, Schrift.

ren. Denn die Einsicht, welche Bedeutung die Leseinstanz hat, zeigt ja, dass erst die Lektüre dem Text eine «Stimme» verleiht. Also kann es nicht Ziel der Exegese sein, die Leseinstanz aus der Auslegung zu eliminieren, sondern sie selbst-bewusst und selbst-kritisch zu verkörpern!

Damit ist nicht jede Lektüre «richtig»: Es bleibt gemeinsam nachzudenken und zu streiten, was innerhalb der «Grenzen der Interpretation» der Sinn des Textes sein kann, und zwar im Wissen um die Distanz zu der Welt, die der Text voraussetzt. Der Bezug auf die eigene Gegenwart, das eigene Leben sollte nicht den direkten Weg der Applikation des Textes, der «Direktübertragung» nehmen, sondern in einer dialektischen Bewegung zwischen solcher Textinterpretation und der Selbst-Wahrnehmung unterwegs bleiben.

Vom Lesen fremder Briefe als solcher

Die Rezeptionsästhetik hat ihre Theorien über den «Akt des Lesens» an narrativen Texten entwickelt. Spannung lebt von der Kollaboration der Lesenden, die Anspielungen erkennen und Leerstellen füllen müssen. Narrative Texte setzen nicht eine bestimmte «reale» Leserin voraus, sind auch nicht fokussiert darauf, als Erfahrungsbericht eines «realen Autors» gelesen zu werden, sondern entwickeln eine Lektüre zwischen implizierter Erzählstimme und implizitem Leser. Wie aber ist dies bei den Paulusbriefen?

Diese Briefe, insbesondere jene sieben unter seinem Namen überlieferten, die heute gemeinhin als authentisch gelten,[17] sind nicht einfach zu behandeln wie narrative Texte, wenn wir der ihnen eingeschriebenen Lektüre folgen wollen.

Denn mit der Form des Briefes und der Person und Rolle ihres Verfassers, Paulus, setzen sie einen eigentümlichen Lektüreprozess in Gang. Im Unterschied zu den meisten Schriften des Neuen Testament sind es namentlich autorisierte Texte:[18] «Paulus» ist stets das erste Wort. Und abgese-

---

17 Als echte Briefe gelten 1Thess, 1Kor, 2Kor, Gal, Phil, Phlm, Röm. Dass der 1Thess der älteste Brief ist und wohl aus dem Jahr 50 n.Chr. stammt, ist allgemein anerkannt, ebenso, dass der Römerbrief zeitlich am Ende steht, auch wenn manche den Phil für später abgefasst halten. Wenn der circa 56 in Korinth abgefasste Römerbrief der letzte ist, dann sind die Briefe in einem Zeitraum entstanden, der gemessen an der Zeit der missionarischen Wirksamkeit des Paulus relativ kurz ist. Diese währte ungefähr von Mitte der 30er Jahre bis Mitte der 60er Jahre (vgl. zur Chronologie Ebel, Das Leben des Paulus).

18 Namentlich autorisiert sind natürlich auch die Briefe, die wir als pseudonym einstufen. Das sind unter dem Namen des Paulus Kol, Eph, 2Thess und die Pastoralbriefe, aber auch die Briefe unter dem Namen des Jakobus, des Petrus und Judas. Die Interpretation von

hen vom Römerbrief sind alle Briefe an Gemeinden bzw. Menschen adressiert, die Paulus persönlich kennen und die, zumindest in der Mehrheit, von ihm selbst das Evangelium hörten. Das bedeutet nicht nur, dass die Briefe viel Wissen voraussetzen, das uns nicht mehr zugänglich ist – ein endloses Arbeitsbeschaffungsprogramm für die Exegese, die sich fragen kann, was der «Stachel im Fleisch» ist (2Kor 12,7), warum Onesimus bei Paulus im Gefängnis auftaucht (Phlm) oder ob es tatsächlich eine «Christuspartei in Korinth» gab (1Kor 1,12). Es ist nur halb tröstlich, dass offenbar schon der 2. Petrusbrief die Not mit der Interpretation der Paulusbriefe kannte.

Das bedeutet vielmehr auch und vor allem, dass die Kommunikation zwischen Verfasser und Adressaten ein wesentliches Moment des Textes ist. Die eingangs als «Nostrifizierung» kritisierte Neigung, sich von den Paulusbriefen direkt angesprochen zu fühlen, ist nicht nur deshalb unangemessen, weil sie die zeitliche und kulturelle Distanz sowie die religiöse Andersartigkeit zwischen den ersten Leserinnen und uns modernen Menschen ignoriert. Sie blendet überdies aus, dass wir *fremde* Briefe lesen. Nicht, dass uns der Bruch des «Briefgeheimnisses» beschämen sollte, denn die Briefe des Paulus hatten schon damals einen gewissen öffentlichen Charakter; sie sollten öffentlich vorgelesen werden (1Thess 5,27) und sind offenbar, wie schon 2Petr 3,15 zeigt, früh gesammelt worden.[19] Vielmehr ist eine Lektüre, die Paulus als Autorität für uns voraussetzt und seine Ausführungen verallgemeinert, unsensibel für mehrere Aspekte:

Erstens galten Briefe in der Antike nicht nur oder weniger der Weitergabe von Information als der Pflege der Beziehung zwischen Briefverfasserin und -empfängern. Zweitens setzen die Briefe des Paulus nicht einfach voraus, dass Paulus als Apostel eine Autorität für die Gemeinden ist, sondern sind vielmehr darum bemüht, diese Autorität erst zu erarbeiten. Jeder Brief lässt hier eine andere Beziehung – und andere Konflikte – erkennen. Denn was ein «Apostel» ist und welche Autorität er hat, ist in diesen ersten Jahrzehnten der christlichen Bewegung durchaus noch nicht ausgehandelt. Man kann zwar in den Büchern über Paulus viel lesen von seiner «apostolischen Autorität» und seinem «apostolischen Selbstverständnis». Doch das Erste ist eine Übertragung aufgrund des Bildes, das Paulus in der Paulusschule und in der Christenheit

---

pseudepigraphen Briefen ist der von narrativen Texten insofern ähnlicher, als sie die Leserlenkung durch die Fiktion zu berücksichtigen hat.
19 Becker, Mündliche und schriftliche Autorität, S. 73–81, beschreibt genauer, wie wir uns den Weg des Briefes zur Gemeinde und dessen Verlesung vorstellen können.

ab dem 2. Jh. gewann.[20] Und die Vorstellung von einem «apostolischen Selbstverständnis», das allen Briefen des Paulus zugrunde liegt, ist eine Konstruktion der Subjektivität eines Autors, die den lebendigen Prozess der Kommunikation und den Einfluss der imaginierten Adressatinnen auf die Selbstvorstellung ausblendet.

Zum Aufbau der Studie

Daraus ergibt sich der Gang der folgenden Studie. Beobachtungen zur Gattung des Briefes führen uns auf die Bedeutung der Beziehung von Paulus zu den angeschriebenen Gemeinden (Kap. II). Denn ein Brief bietet im Unterschied etwa zu Traktaten oder narrativen Texten wie den Evangelien die Möglichkeit, die Beziehung zwischen dem Verfasser und den Adressatinnen zu thematisieren und zu bekräftigen. Die Bedeutung der Beziehungspflege erklärt sich aus der Rolle des Paulus für die Bekehrung der Angeschriebenen. Das führt zu der Frage, ob mit dem Apostolat des Paulus diese Beziehung bereits festgelegt ist (Kap. II). Denn gemeinhin wird unterstellt, dass Paulus als Apostel auch die Anerkennung seiner Autorität in den angeschriebenen Gemeinden einfordern konnte. Es zeigt sich aber, dass der Apostolat nicht eine «Gemeindeleitung», ob persönlich vor Ort oder in Briefen, legitimierte, sondern nur die Erstmission. Warum sollte sich eine Gemeinde nicht tiefer in das Evangelium einweisen lassen von anderen Missionaren oder Apostelinnen, die später anreisten? Paulus beanspruchte weiterhin Einfluss auf die Gemeinde, brieflich und durch weitere Besuche. Aber dies musste er, wie uns die Briefe dokumentieren, eigens begründen, und zwar in einer Vielfalt von Bildern und Metaphern (Kap. IV). Auch diese belegen, dass die Beziehung zwischen Paulus und den Gemeinden ein wesentliches, nicht nur äußeres Moment der Briefe und damit letztlich seines «Evangeliums» war. Wie aber passt dieser Autoritätsanspruch zur Kritik des Paulus an Statusansprüchen und zu Aussagen, in denen er gerade ein niedriges Leben und schwaches Auftreten für sich akzeptiert (Kap. V)?

Das Anliegen des Essays, für das «Lesen fremder Briefe» zu sensibilisieren, ist zwar ein hermeneutisches, es wird aber in dieser Studie nicht auf der Metaebene der hermeneutischen Reflexion abgehandelt. Wenn am Schluss die Frage, wie diese fremden Briefe für «uns» Relevanz erhalten, noch einmal aufgegriffen wird (Kap. VI), so geht es doch nicht darum, ein Prinzip der Schriftapplikation zu entwickeln. Für diese echten Briefe gibt es kein Prinzip

---

20 Vgl. so schon Kol, der Paulus als den besonderen Apostel darstellt, und die Pastoralbriefe; s. Heininger, Rezeption; Lindemann, Rezeption.

außer dem des kontextuellen Verstehens der Aussagen, zu dem die inhaltlichen Ausführungen einladen mögen.

II «Wie wenn ich anwesend wäre» (1 Kor 5,3) – zur Bedeutung der Brieflichkeit

Ein Brief war in der Antike neben Reisen die einzige Möglichkeit, Kontakt zu halten zu Menschen, die andernorts lebten. Einen Privatbrief zuzustellen, bedeutete einigen Aufwand. Manch eine, des Schreibens unkundig, musste sich von professionellen Briefschreibern helfen lassen. Und da der Brief erst zeitversetzt ankam, wartete man auf eine Antwort also umso länger.[1] Das bestimmte gewiss auch die Gedanken bei der Abfassung.

Ist das alles heute völlig anders, so scheint es mir doch zwei Konstanten zu geben zwischen der brieflichen Kommunikationskultur der Antike und der elektronisch ermöglichten Permanenz unmittelbarer Kontakte heute: Es gibt erstens eingespielte Konventionen für die Kommunikationsformen. So gilt für eine E-Mail, dass eine fehlende Anrede nicht als Ausdruck mangelnder Wertschätzung zu lesen ist. Und zumindest wenn man nur gelegentlich eine SMS von der jüngeren Generation erhält, merkt man, wie eingespielt bei ihnen Liebesbekundungen und Formeln oder Symbole sind. Zweitens ist die Pflege einer Beziehung ein wesentliches Motiv für viele Kontakte, während der Informationsaustausch oft nachrangig ist. Dieser Eindruck entsteht nicht nur, wenn jemand gleich 267 Freunde bei Facebook «addet», sondern auch oft, wenn man unfreiwillig private Telefonate Unbekannter mithört.

Diese beiden Aspekte, eingespielte Konventionen und die Funktion der Beziehungspflege, sind auch grundlegend, wenn wir fragen, was der briefliche Charakter der Paulusschriften für unsere Lektüre bedeutet. Denn auch wenn die Paulusbriefe nicht den in vielen Papyri erhaltenen Privatbriefen entsprechen, weil sie länger und an eine größere Öffentlichkeit adressiert sind, so sind es doch keine Kunstbriefe wie die des Cicero oder Seneca.[2] Sie sind nicht einfach einzuordnen, da sie abgesehen vom Philemonbrief an Gruppen gerichtet sind. Aber sie sind insofern «echte» Briefe, als sie der Beziehungspflege in Zeiten räumlicher Trennung dienen. Und sie folgen in Form und Topik den damaligen Gepflogenheiten für die Brieferstellung. Wir

---

1 Zu den «äußeren Voraussetzungen: Briefpapier und Briefpost» vgl. Klauck, Briefliteratur, S. 55–70 (Zitat S. 50); zu den paulinischen Briefen insgesamt Klauck, Briefliteratur, und Bauer, Paulus.
2 Zu den verschiedenen Sorten aus der Antike überkommener Briefe (z. B. Privatbriefen, literarischen und philosophischen Briefen sowie offiziellen diplomatischen Briefen) vgl. Klauck, Briefliteratur, S. 71 ff. Die Paulusbriefe lassen sich keiner Briefsorte direkt zuordnen; vgl. so auch Bauer, Paulus, S. 91–94.

beginnen mit Beispielen für Letzteres, um daraus die Bedeutung der brieflichen Gattung für die «Beziehungspflege» zu erhellen.

1) Zur Form und Topik der Paulusbriefe[3]

Die Beobachtung von Formeln und Topoi, Allgemeinplätzen, führt uns die konventionelle Seite der Paulusbriefe und zugleich ihr Spiel mit typischen Formen vor Augen. Kenntnis von den antiken Konventionen haben wir durch die Analyse von echten Papyrusbriefen, die oft bewegende Einblicke in das gelebte Leben geben,[4] aber auch von wenigen erhaltenen theoretischen Werken, die mit Tipps zum Stil und Beispielbriefen die Briefabfassung anleiten.[5]

«Paulus, berufener Apostel Jesu Christi nach dem Willen Gottes, und der Bruder Sosthenes an die Gemeinde Gottes, die in Korinth ist [...]: Gnade sei euch und Friede von Gott, unserem Vater, und von dem Herrn Jesus Christus» (1Kor 1,1–3), mit solchen oder ähnlichen Präskripten beginnen alle uns erhaltenen Paulusbriefe. Die Präskripte folgen einer festen Form: Sie beginnen wie alle antiken Briefe stets mit der Nennung des Verfassers im Nominativ (*superscriptio*),[6] dann der Adressierten im Dativ *(adscriptio)* und schließen mit einer Grußformel *(salutatio)*. Während das griechische Briefpräskript mit *chairein* («zum Gruß») nur einen Satz bildet,[7] ist in den Paulusbriefen die Grußformel ein eigener Nominalsatz. Zwar klingt *chairein* noch in dem Wort *charis* an. Aber dies ist nun der Zuspruch von Gnade Gottes und Jesu Christi.[8]

Dieses Vorgehen – das stilbildend wurde für die späteren deuteropaulinischen Briefe – kann als typisch gelten: Paulus nimmt die Formvorgaben auf,

---

3   Vgl. den Überblick bei Gerber, Paulus, S. 47–77.
4   Vgl. die Beispiele bei Klauck, Briefliteratur, S. 29–35, und White, Light from Ancient Letters.
5   Neben den Bemerkungen zum Briefstil in der Stilkunde eines Demetrius, De elocutione 233ff, gibt es zwei sog. Briefsteller, d. h. Erläuterungen zu Brieftypen samt Musterbriefen, die unter den Namen von Demetrius und Libanus bzw. Proklos überliefert sind (vgl. Klauck, Briefliteratur, S. 148–165).
6   Paulus nennt sich stets zuerst, aber abgesehen von Gal und Röm auch Mitabsender, Sosthenes, Timotheus oder Silas. Die Funktion dieser Mitgenannten – Mitverfasser oder nur Mitabsender? – ist nicht klar. Oft wird auch die Rolle des Paulus in der sog. *intitulatio* durch weitere Angaben wie hier «berufener Apostel» ergänzt.
7   So auch in Apg 15,23; 23,26; Jak 1,1.
8   In der Exegese hat man die Syntax aus zwei Sätzen auf ein «orientalisches Präskript» zurückgeführt. Ein solches ist aber für die zahlreich erhaltenen frühjüdischen Briefe nicht «typisch» (vgl. Klauck, Briefliteratur, S. 181–226).

aber färbt sie religiös ein und überführt damit die im Präskript eröffnete Kommunikation zwischen sich und den Adressierten in eine Dreiecksbeziehung mit Gott und Jesus Christus. Dasselbe wiederholt sich im Briefschluss. Der typische Wunsch, «es möge wohlergehen», wird durch einen Segenswunsch überhöht.

Auch das Motiv der Danksagung stammt aus der Briefform. Am Anfang des Briefes, noch vor dem eigentlichen Corpus, dankt man Göttern für die Gesundheit, ggf. auch für erhaltene Post, eine Geldgabe oder was auch immer. In den Paulusbriefen steht hier meist[9] eine Danksagung. Eigentlich ist es ein Bericht über den Gott erstatteten Dank der Adressatinnen und Adressaten wegen. So schreibt Paulus in 1Kor 1,4f: «Ich danke meinem Gott allezeit für euch wegen der Gnade Gottes, die euch geschenkt wurde in Christus Jesus, dass ihr an allem reich gemacht wurdet in ihm, in jedem Wort und jeder Erkenntnis [...]» Dies führt unmittelbar weiter zu einer Fürbitte. Doch wozu berichtet Paulus der Gemeinde, was er eigentlich Gott im Gebet sagt? Der «Gebetsbericht» spielt gewissermaßen «über die Bande»: Das im Dankgebet indirekt enthaltene Lob fungiert als *captatio benevolentiae* («Haschen nach Wohlwollen») am Anfang des Briefes, um die Leserinnen geneigt zu machen. Die Fürbitte appelliert, indem sie indirekt darauf hinweist, dass auch die zukünftige Bewahrung des Glaubens wichtig ist.

Das Fehlen eines solchen Danksagungsberichts in Gal 1,6 ist ebenfalls sprechend. Wenn Paulus statt «Ich danke Gott um euretwillen» beginnt: «Ich wundere mich, dass ihr euch so schnell abgewendet habt [...]», werden die Leser hier die Schärfe der Kritik nicht überhören können. Und doch macht auch diese harsche Formulierung die persönliche Beteiligung des Paulus und sein Interesse an den Adressierten hörbar.

Auch die in den Briefen häufig begegnende Formel «ich will euch nicht im Ungewissen lassen, Brüder und Schwestern», die «Kundgabeformel»[10] ist brieftypisch. Sie soll nicht nur die Aufmerksamkeit für das Folgende wecken, sondern knüpft wiederum die Beziehung fester: Ich bemühe mich um euch, ist die implizite Botschaft.

Emotionaler kommt diese Mitteilung im «Sehnsuchtstopos» zum Ausdruck. «Gott ist mein Zeuge, dass ich euch alle ersehne in meinem Innersten Jesu Christi», so herzlich schreibt Paulus, der wegen seiner Gefangenschaft nicht reisen kann, nach Philippi (Phil 1,8). Nicht nur der Wunsch nach Gemeinsamkeit, sondern auch die begrenzten Möglichkeiten, brieflich Einfluss

---

9 Die Ausnahmen in Gal und 2Kor erklären sich aus der Kommunikationssituation.
10 Zur sog. *diclosure formula* vgl. Röm 1,13; 11,25; 1Kor 10,1; 11,3; 2Kor 1,8; 1Thess 4,13.

zu nehmen, bestimmen den Topos in Gal 4,20. Weil Paulus schriftlich offenbar mit dem Werben von Konkurrenzmissionarinnen in Galatien nicht mithalten kann (4,17), gesteht er seine Verzweiflung ein: «Ich wünschte, ich wäre jetzt bei euch und könnte meine Stimme verwandeln, denn ich bin verzweifelt an euch.»

Dieser Topos führt uns vor Augen, dass das Schreiben zwar wichtig ist für die Beziehung, aber nur das zweitbeste Mittel nach der Anwesenheit. Der Brief sollte idealerweise deshalb die persönliche Anwesenheit ersetzen. Das hat auch Folgen für den Stil, denn ein Brief soll «gewissermaßen ein Abbild der Seele» des Schreibenden widerspiegeln.[11] Der Brief macht den Abwesenden quasi zum Anwesenden. Gern wird dies ausgedrückt im Topos von der Parusie oder Quasianwesenheit mit dem Oxymoron «abwesend – anwesend» *(apōn – parōn)*. Auch Paulus setzt dieses Wortpaar ein, wenn auch auffallend abgewandelt. So bringt er in 1Kor 5,3 seine Entschiedenheit zum Ausdruck, dass der Mann, der mit seiner Stiefmutter zusammenlebt, aus der Gemeinde ausgeschlossen werden muss: «Ich nämlich, wiewohl körperlich abwesend *(apōn)*, anwesend *(parōn)* aber im Geist, habe schon ein Urteil gefällt, wie wenn ich anwesend wäre *(parōn)*, über den, der dies so getan hat.»[12]

Der Brief wird also zum Medium, um in Zeiten der Trennung Kontakt zu halten. Bei Paulus finden wir aber vor allem den Wunsch, seine Adressaten persönlich zu besuchen, und damit Reisepläne – auch das ein typisches Briefthema.[13] Eine «sehnlich» geplante Reise nach Rom ist ein wesentliches Motiv zur Abfassung des Römerbriefs (Röm 1,10f; 15,22f.28f). Und wenn Paulus in 1Thess 2,18 sogar Satan persönlich dafür verantwortlich macht, dass er am Besuch der Gemeinde in Thessalonich gehindert wurde, so erkennen wir, dass die Briefe nur als Überbrückung von Zeiten der Trennung fungierten. Nur in 2Kor 2,1 schreibt Paulus, dass er vorerst auf eine Reise verzichte, um sich und die Gemeinde zu schonen.

---

11 So in De elocutione 227, dem unter dem Namen des Demetrius überlieferten Werk über den angemessen Stil, unter anderem von Briefen. Diese sollen im «einfachen Stil» abgefasst sein (vgl. Klauck, Briefliteratur, S. 149–152).

12 Sonst deutet das Wortpaar bei Paulus jedoch nicht auf die briefliche Präsenz, sondern relativiert die Abwesenheit, vgl. 1Thess 2,17; Phil 1,27; 2,12. Beide Briefe rekurrieren darauf, dass ein Wiedersehen jetzt bzw. im Falle des Phil eventuell gar nicht mehr möglich ist; vgl. Gerber, Paulus. S. 70f.

13 Vgl. 1Kor 4,18–21; 16,5ff; 2Kor 12,14; Phlm 22; 1Thess 3,10f; Phil 2,24. In der korinthischen Korrespondenz dient der Hinweis auf ein Kommen allerdings als Warnung.

2) Die wechselseitige Bedeutung von Brief und Beziehung

Die Briefe des Paulus lassen also Vertrautheit mit den Konventionen der Briefabfassung erkennen. Diese und weitere brieflichen Formeln und Topoi sind Teil der Gepflogenheiten, mit denen Briefe, zumal Freundschaftsbriefe[14], ihre wichtigste Aufgabe erfüllen, die Beziehungspflege.[15] Wahre Freundschaft beruht auf dem Zusammensein, und so soll der Brief dieses imaginativ ermöglichen. Heikki Koskenniemi hat die Funktion der Briefe mit drei Schlagwörtern treffend beschrieben:[16] Es geht um Philophronesis, die «freundschaftliche Gesinnung», um Parusie, d. h. die imaginative Anwesenheit des Verfassers, und um Homilia, den persönlichen Austausch, so gut es brieflich möglich ist.

Das unterscheidet die Paulusbriefe grundsätzlich von Reden, die zwar auch eine größere Öffentlichkeit adressieren, aber nicht eine persönliche Bekanntschaft voraussetzen – und nicht der Beziehungspflege dienen. Die Analyse der Paulusbriefe anhand der antiken Redekunst, die in den letzten Jahrzehnten aufkam, hat hierin ihre Grenzen.[17] Eine epistolographische Analyse der Briefe hingegen sensibilisiert für die briefliche Beziehungspflege und die Kreativität in der Aneignung der Topoi und Formeln. Sie zeigt aber auch, wo die Paulusbriefe die Orientierung an der Briefgattung hinter sich lassen. Denn diese sind, sieht man von Philemon ab, ungewöhnlich und ungebührlich lang. Auch das Verhältnis von Länge und Menge der Mahnungen ist nicht üblich. Die ausführlichen Paraklesen in 1Thess 4–5; Gal 5,13–6,10; Röm 12–14 passen nur vage in das Briefschema, das am Briefkorpusabschluss lediglich Platz für kurze Mahnungen vorsah. Sie erklären sich

---

14 Der Freundschaftsbrief gilt als übergreifende Kategorie und nimmt Bezug auf das mit hohen Vorstellungen von gegenseitiger Verbundenheit und Verpflichtung besetzte Ideal von Freundschaft; vgl. dazu Mitchell, Freundschaft.
15 «Der Brief will doch ein Zeichen freundschaftlicher Gesinnung in geraffter Form sein», Demetrius, De elocutione 231 (nach Klauck, Briefliteratur, S. 151).
16 Koskenniemi, Studien, S. 35–47.
17 Damit spreche ich mich für eine bevorzugt epistolographische Analyse aus (vgl. auch Bauer, Paulus, S. 101–105). Seit dem epochalen Kommentar H. D. Betz' zum Galaterbrief von 1979 wird in der neutestamentlichen Exegese die Anwendung einer rhetorischen Analyse diskutiert, und damit steht die Frage im Raum, ob die Paulusbriefe eher als Rede oder als Brief analysiert werden sollten. Die rhetorische Analyse kann auf antike Handbücher des Rhetorik-Unterrichts zurückgreifen, die nicht nur verschiedene Redegenera unterscheiden, sondern auch den Aufbau der Reden, ihre Ornamentik. Sie dienen auch als Argumentationsschulen, indem sie das Auffinden geeigneter Argumente (*inventio*) erklären. Letzteres ist m. E. für die Auslegung der Paulusbriefe relevant, der Versuch aber, den Aufbau der Briefe entsprechend dem einer Rede zu analysieren, nur für das Verständnis des Röm förderlich.

vielmehr aus dem Anliegen, das Leben der Christusgläubigen zu ordnen. Nur der Philemonbrief ist in der Länge einem Privatbrief vergleichbar, und er ist auch der einzige Brief, der sich einem der «Brieftypen», die in den Anleitungen zum Briefeschreiben aufgeführt werden, zuordnen lässt.[18] Bei anderen Briefen mischen sich die Genera. Mal überwiegt der mahnende Aspekt (1Kor), mal der tröstende (1Thess) oder der freundschaftliche (Phil). Es gibt Empfehlungsschreiben innerhalb von Briefen (Röm 16,1f; Phil 2,25–30) und einen Dankbrief (Phil 4,10–20).

Jeder Brief des Paulus setzt die Briefformeln und Topoi anders ein, und in jedem Brief ist auch die Beziehungsdimension anders entfaltet. Der Römerbrief nimmt eine Sonderrolle ein. Er richtet sich an Christusglaubende in Rom, die zwar von Paulus gehört haben, aber nicht von ihm missioniert wurden.[19] Die Beziehungsdimension ist damit jedoch nicht irrelevant, denn Paulus will Rom besuchen und dort für seine Missionsarbeit Unterstützung erhalten (s. 1,10–15; 15,14ff). Der erste Hauptteil des Briefes (1,16–11,36) besteht daher in einer Art argumentativen Entfaltung seiner theologischen Überzeugung und lässt sich unter den Paulusbriefen am ehesten als Rede analysieren[20]. Auch hier fügt er allerdings dialogische Elemente ein, indem er mögliche Anfragen oder Einwände imaginiert und gelegentlich ein fiktives «Du» anspricht[21]. Hat dieser Brief also nicht den Zweck, die Beziehung über Zeiten der Abwesenheit hinweg zu erhalten, so hat er doch die Funktion, die persönliche Begegnung vorzubereiten und Zugewandtheit zu signalisieren (vgl. nur das Sehnsuchtsmotiv 1,11). Nicht zuletzt die lange Grußliste Kap. 16 erklärt sich als Akt der Beziehungspflege, weist sie doch auf bestehende Beziehungen von «hüben nach drüben».

In den anderen Briefen des Paulus ist die Beziehungsdimension prägender, als in der Auslegung wahrgenommen. Zwei sehr unterschiedliche Beispiele mögen das verdeutlichen.

---

18 Es ist allerdings umstritten, welchem Brieftyp Phlm zuzuordnen ist. Je nach Interpretation kann man den Brief als Bittbrief lesen (Paulus bittet Philemon um Onesimus für sich selbst) oder als Empfehlungsbrief (Paulus bittet Philemon um freundliche Aufnahme des Onesimus). Vgl. dazu Ebner, Philemonbrief.
19 Vgl. zu den Einleitungsfragen und der Veranlassung des Schreibens Theobald, Römerbrief, S. 27–42.
20 Vgl. Theobald, Römerbrief, S. 54–67.
21 In der Exegese wird dies meist als «Diatribenstil» bezeichnet, s. Theobald, a.a.O., S. 67–74.

«Verwaist nur von Angesicht, nicht im Herzen» (1Thess 2,17)

Der 1. Thessalonicherbrief, der älteste uns erhaltene Paulusbrief, ist wohl in Korinth entstanden, kurze Zeit nachdem Paulus, Timotheus und Silas in Thessalonich erste Missionserfolge hatten und, vielleicht unfreiwillig früh, abreisen mussten.[22] Deutlich ist, dass der Brief die frisch Bekehrten zu einem «würdigen Leben» ermahnen und über Verunsicherungen angesichts von Todesfällen trösten will. Dem dient die Paränese (Kap. 4–5). Das Anliegen des ersten Briefteils Kap. 1–3 ist hingegen viel weniger klar.[23] Die Erwartung, dass der Mahnung und dem Trost eine theologische Grundlegung vorausgeht – gemäß der Idee, der Imperativ folge dem Indikativ, die Ethik der Theologie[24] –, wird enttäuscht. Gleich dreimal wiederholen die Absender[25] ihren Dank an Gott (1,2; 2,13; 3,9). Die Gemeinde wird gelobt für ihr vorbildliches Standhalten in Bedrängnissen (1,6f). Sie wird erinnert an ihre Bekehrung, von der man sich in ganz Mazedonien und der Achaia erzähle (1,9f), und an den Aufenthalt der Missionare (2,1–12): Wie eine Amme ihre leiblichen Kinder pflegt (2,7) und wie ein Vater mahnt und unterweist (2,12), habe man sich den Adressaten zugewendet.[26] Paulus berichtet, dass er Timotheus zur Gemeinde geschickt habe aus Furcht, dass diese nicht mehr bestehe (3,1–5), und schildert seine «Wiederbelebung», als er von Timotheus gute Nachrichten von der Gemeinde erhielt (3,6–8).

So interessant das für uns sein mag, weil wir einen Eindruck erhalten von den Umständen um die Gemeindegründung – so wenig von alledem dürfte den Empfängerinnen des Briefes kurz nach den Ereignissen neu gewesen sein[27]. Verständlich ist der Briefabschnitt hingegen als Wunsch, die Beziehung zu bekräftigen, die durch das Leiden der Gemeinde bedroht schien (3,5). Diese wird offenbar bedrängt durch die eigenen Mitbürgerinnen (2,14). Der äußere Druck auf die Gemeinde aber gefährdet den Missionserfolg, denn

---

22 Zu den Einleitungsfragen vgl. Schreiber, Der erste Thessalonicherbrief.
23 Damit ist nicht gesagt, dass der erste Briefteil nicht von theologischer Bedeutung für uns wäre. Die in ihm implizierte Erwählungstheologie hat Becker, Paulus, S. 138–148, treffend herausgestellt. Es ist aber nicht Anliegen des Briefteiles, diese darzustellen.
24 Die Zuordnung von Indikativ und Imperativ (wie etwa Gal 5,1), wie sie insbesondere Bultmann herausstellte (vgl. Theologie, bes. S. 334), ist umstritten; vgl. Wolter, Paulus, S. 310–317.
25 Da der 1Thess deutlich zwischen einem «wir» und «ich, Paulus» (1. Pers. sg. nur in 2,18; 3,5; 5,27) unterscheidet, ist in diesem Brief Paulus nicht als alleiniger Absender zu unterstellen, aber doch als «Chef de mission» (vgl. Gerber, Paulus, S. 261–263).
26 Zu 1Thess 2,7 vgl. Kap. III 3); zur Eltern-Kindmetaphorik Kap. IV 2).
27 Das bedeutet auch, dass 2,1–12 nicht als Apologie zu deuten ist, s. Gerber, Paulus, S. 309–313, zur Diskussion.

wenn die Bekehrung zu Problemen führt, die das Leben belasten, dann stellt sich die Frage, wozu der neue Glaube gut sein soll – und eine Abkehr vom Glauben könnte die Probleme schnell lösen. Das wäre zugleich das Ende der wechselseitigen Beziehung. Der Brief muss daher das Leiden als Aspekt des neuen Glaubens erklären. Er weist die Leser darauf hin, dass ihnen das Leiden schon angekündigt wurde (3,4). Vor allem wird das Aushalten des Leidens gewürdigt: Die Gemeinde ahmt ihre Missionare und den Herren nach (1,6; 2,14–16[28]). «Geteiltes Leid» bestärkt die Beziehung.[29] Und so bewerten die Briefschreiber die Verbindung im Leiden emotional: «Verwaist, fern von euch» – eine Metapher für den Trennungsschmerz –, aber: «nur dem Angesicht, nicht dem Herzen nach» (2,17). Die Sehnsucht nach einem Wiedersehen bestimmt, so klingt es, ihren ganzen Alltag: «Des Nachts und des Tags beten wir so eindringlich, euch zu sehen von Angesicht [...]» (3,10).

Im Sinne des «Nachrichtenquadrats» moderner Kommunikationstheorie[30] geht es kaum um den Sachaspekt, das Evangelium und die Frage, warum man Leid aushalten muss, sondern vor allem um die Beziehungsebene. Dieser dienen auch die Selbstbekundungen der Verfasser, dass ihnen die Angeschriebenen am Herzen liegen, und der darin implizierte Appell, auch ihrerseits die Missionare im Herzen zu behalten. Eben dies ist die Chance des brieflichen Mediums, im Unterschied zur Rede oder zum Traktat: die persönliche Verbindung zu thematisieren und so trotz räumlicher Trennung weiter zu festigen. Als Ideal erscheint hier die «Gemeinschaft von Angesicht» (2,17). Sie nimmt ein wenig vorweg von dem nie endenden Zusammensein, das für die Endzeit erhofft wird: «So werden wir allezeit mit dem Herrn sein» (4,17).

---

28 Die Aufwertung des Leidens der Thessalonicher in 2,14–16 als «Nachahmung» des Leidens der judäischen Gemeinden und der Missionare wird erkauft mit harter Polemik über *Ioudaioi* – jüdische oder judäische Menschen. Ihnen wird unterstellt, dass sie Gott nicht gefallen und das Gericht bereits über sie beschlossen sei. Für die Polemik werden geläufige Motive unterschiedlicher Herkunft herangezogen: das alttestamentliche Motiv der Verfolgung der Propheten, der pagane Vorwurf, jüdische Menschen seien Menschenfeinde, und die christliche Unterstellung, sie hätten Jesus getötet. Auch wenn damit nicht «die Juden» als solche verfemt werden sollten – auch Jesus, Petrus und Paulus waren Juden! –, bleibt das Vorgehen, durch Diffamierung anderer die Beziehungen zu bekräftigen, hoch problematisch; vgl. Stegemann, Zur antijüdischen Polemik.

29 Vgl. zum Konzept gemeinsamen Leidens als Freundschaftstopos Wolter, Apostel.

30 Schulz von Thun, Miteinander reden, unterscheidet vier Aspekte bei einer Kommunikation: Die Sachebene, die Beziehungsebene, die Selbstkundgabe des Sprechers und einen Appellcharakter. Der Kommunikationspsychologie geht es darum, Konflikte in der Kommunikation offenzulegen, mir hier darum, die Sachebene in der von uns beobachteten Kommunikation zu relativieren.

Die bleibende Verbundenheit zwischen Missionaren und der Gemeinde ist aber nicht Selbstzweck, sondern dient letztlich dem Heil der Gemeinde – und dem der Missionare. Die Gemeinde wird deren «Ruhmeskranz» am Tag der Parusie sein, Ausweis ihrer missionarischen Leistung (2,19).[31] Und ein Wiedersehen dient der weiteren Unterweisung der Gemeinde, denn darum bitten sie unablässig: «euch zu sehen von Angesicht und das, was eurem Glauben noch mangelt, zu füllen» (3,10).

«Seine Briefe, sagt man, sind gewichtig und stark, seine körperliche Anwesenheit schwach und seine Rede nichtswürdig» (2Kor 10,10)

Dies kolportiert man offenbar in Korinth über Paulus. Während ein Brief idealerweise den Verfasser vergegenwärtigen soll, so scheinen die Briefe des Paulus dem persönlichen Auftreten in Korinth nicht zu entsprechen. Die Lösung kann natürlich nicht sein, schwächere Briefe zu schreiben. Dies gilt erst recht, da es offenbar Konkurrenz in Korinth gibt, Apostelinnen, die im Gegensatz zu Paulus in der Gemeinde persönlich Eindruck hinterlassen und, auch das scheint ein Thema zu sein, anders als Paulus Unterstützung von der Gemeinde annehmen (11,5–7; 12,13).[32]

Paulus versucht in 2Kor 10–13[33] mit viel rhetorischer Finesse sich dieses Vorwurfs zu erwehren: Mit scharfer Polemik gegen «Pseudoapostel, die sich als Apostel Christi verkleiden» (11,13), mit der ironischen Bitte, ihm die «Ungerechtigkeit» zu vergeben, dass er kein Geld von der Gemeinde nimmt (12,13). Seine Schwäche (*astheneia*[34]) gesteht er ein, erklärt sie aber als Aspekt seiner Wirksamkeit. In einem durch die Rolle des Narren kaschierten Selbstlob stellt er seine Leistungen und Begabungen deutlich heraus (11,16–12,13).[35] Gleich zu Anfang zeigt er verbale Stärke, indem er in militanter Metaphorik droht, mit geistlichen Waffen die hochtrabenden Gedankenfestungen zu schleifen (10,1–6). Wer sollte das nicht verstehen als Anspielung auf die schmach-

---

31 Vgl. dazu unten Kap. V 2).
32 Zum Unterhaltsverzicht vgl. unten Kap. III 2).
33 Es ist unklar, ob dies der letzte Teil eines integralen Briefs ist; jedenfalls sind die Briefteile in Inhalt und Polemik selbständig. Zur Frage der Einheitlichkeit des 2Kor vgl. Schmeller, Der zweite Brief, S. 332–338.
34 *Astheneia* kann in 2Kor 10–13 Krankheit, körperliches Gebrechen, Erleiden von Verfolgung, aber auch rhetorische Schwäche oder die Solidarisierung mit Schwachen (11,29) bezeichnen. Für die Argumentation von 2Kor 10–13 ist zentral, dass Paulus verschiedene Phänomene subsumiert. Zum Verhältnis von Schwäche und Stärke bei Paulus insgesamt und in 2Kor 10–13 vgl. Krug, Kraft des Schwachen.
35 Zur sog. Narrenrede und ihrer Strategie vgl. die Analyse von Zmijewski, Stil.

volle Schleifung Korinths durch die Römer?[36] Seine Schwäche entspreche Christus, der aus Schwäche gekreuzigt wurde. Und so werde er entsprechend der Kraft Gottes (*dynamis theou*), aufgrund derer der auferweckte Christus lebt, auch selbst mit dieser Kraft gegen die Leute in Korinth angehen bei seinem nächsten Besuch (13,2–4). Mit den Mitteln der Sprache, in einem überaus «starken» Brief, behauptet Paulus, auch im persönlichen Auftritt stark sein zu können, und zwar mit Gottes Kraft.

Klingt das ganz anders als die herzlichen Bekundungen nach Thessalonich, so ist doch hier wie dort erkennbar, dass es zu allererst um die gegenseitige Beziehung geht. Paulus wehrt sich gegen Kritik an seiner Person, und er will seine Anerkennung in der Gemeinde auch angesichts der Konkurrenz verteidigen. Er beansprucht für sich, als «Soldat Gottes» dessen Kampf zu führen (10,1–6). Und er präsentiert sich als Brautführer, der die Gemeinde mit Christus verlobt hat – die Gemeinde hingegen droht, verführt von anderen, sich von Christus abzuwenden (11,2–4).[37]

Die Exegese will theologische Gründe der Auseinandersetzung finden. Es gehe um die Anerkennung, dass das Evangelium nur in der Schwäche zur Wirkung kommt. Die «Superapostel» werden zu Herrlichkeitstheologen, wie sie Luther einst bekämpfte.[38] Doch Paulus setzt nicht einfach Schwäche gegen Stärke und Herrlichkeit. Vielmehr reklamiert er Stärke auch für sich: «In nichts stehe ich den ‹Superaposteln› nach, wenn ich auch nichts bin. Denn die Zeichen des Apostels wurden unter euch wirksam in aller Ausdauer, in Zeichen und Wundern und Kraftwirkungen» (12,11f). Auch Paulus hat offenbar Wunder in Korinth vollbracht. Und wenn er sich seiner Schwäche rühmt (12,5.9), dann verherrlicht er nicht Schwäche als solche, und erst recht nicht Krankheit, um die es offenbar auch geht, sondern er beansprucht für sich persönlich: «Wenn ich schwach bin, bin ich stark» (12,10). Die Schwächen, derer er sich rühmt, sind Teil seines persönlichen Lebens und der Preis seiner engagierten missionarischen Wirksamkeit. Die beschreibt er in einem

---

36 Die Zerstörung Korinths im Jahr 146 v.Chr. soll so gründlich gewesen sein, dass die Stadt 100 Jahre fast brach lag. Vgl. Gerber, Krieg und Hochzeit, S.112.
37 Vgl. genauer Kap. IV 1).
38 Vgl. so z.B Schnelle, Einleitung, S.106; Gräßer, Der zweite Brief, S.125–128. Der Charakter der Konkurrenzmissionarinnen kann nur durch «mirror reading» aus dem Brief selbst erschlossen werden, da externe Daten fehlen. M. E. ist noch nicht einmal eindeutig zu erschließen, dass diese Missionare sich dezidiert als «Gegner des Paulus» profilierten, sondern nur, dass sie «auf dem Grund des Paulus bauen» (vgl. Röm 15,20); darauf deutet 2Kor 10,12–16. Zur Diskussion vgl. Gerber, Paulus, S.235–239.

fast atemlosen Katalog seiner Leistungen trotz Widrigkeiten (11,22–29)[39]. Seine Bereitschaft, die Schwäche anderer zu teilen (11,29), seine Krankheit, die er als «Dorn im Fleisch» (12,7) erfährt, «Misshandlungen, Nöte, Verfolgungen, Ängste um Christi willen» (12,10), seine riskante Flucht aus Damaskus in einem Korb (11,32f) – all das spricht nicht der Schwäche als solcher ein Lob. Es geht in der Argumentation vielmehr um deren angemessene Bewertung. Paulus konzediert seine Schwäche, aber er widerspricht der Kritik, das sei Mangel an Überzeugungskraft oder an göttlicher Wirksamkeit. Paulus deutet seine Schwäche theologisch, aber er tut dies nicht, um Schwäche theologisch zu überhöhen, sondern damit ihm der Respekt, der aus seiner Sicht auch für die Gemeinde heilsnotwendig ist, zuteil wird.

3) Apostolische Autorität der Paulusbriefe?

Eine Frage bleibt zu klären im Blick auf die Gattung des Briefes: Verband sich mit der Form des Briefes und deren religiöser Anverwandlung durch Paulus ein bestimmter Autoritätsanspruch? Oder aus der Sicht der Adressatinnen formuliert: Unterstellten die, denen ein solcher Brief verlesen wurde, schon unabhängig von dem Inhalt eine besondere apostolische Autorität des Schreibens? Diesen Eindruck kann man erhalten, wenn man beobachtet, wie stilbildend die paulinischen Briefe wurden, nicht nur allgemein, sondern auch in ihrer konkreten Form,[40] und dass in den pseudo-paulinischen Pastoralbriefen Paulus zum Apostel schlechthin wurde.[41] Implizieren die Paulusbriefe also in ihrer Form insgesamt oder mit einzelnen Formelementen einen Autoritätsanspruch? Entsprechende Thesen werden in der Literatur häufig vertreten. Ihr Charme liegt darin, dass sie trotz der Adressatenbezogenheit eine gewisse Allgemeingültigkeit der brieflichen Äußerungen begründen. Wir könnten uns die fremden Briefe als autoritative Apostelbriefe aneignen im Wissen, dass sie bereits ihre briefliche Situation transzendieren.

Begründet wird die Annahme einer solchen Wirkung der Paulusbriefe etwa damit, dass die Briefe in der Tradition der Offenbarungsbriefe des Frühjudentums stünden.[42] Andere wollen aus der Aufforderung «Ich beschwöre euch

---

39 Ein solcher Peristasenkatalog lehnt sich an stoische Konzepte an, wonach es einen Weisen oder Diener Gottes auszeichnet, solche Umstände zu ertragen (vgl. Schröter, Versöhner, S. 142–169).
40 Vgl. die Übernahme des Briefrahmens in 2Thess, Kol, Eph und den Pastoralbriefen.
41 Vgl. Heininger, Rezeption S. 328f; vgl. auch Kap. III zum Apostolatskonzept.
42 So K. Berger, Apostelbrief. Gemeint sind damit vor allem die Briefe der Jeremia-Baruch-Tradition (z. B. Jer 29,1–36 und die nur in der Septuaginta überlieferte EpJer), aber auch die Briefe 2Makk 1f. Begründend kann angefügt werden, dass das Präskript der Paulusbriefe mit

beim Herrn, dass der Brief allen Geschwistern vorgelesen wird!» (1Thess 5,27) einen besonderen Anspruch erschließen: «Paulus begreift sein Schreiben offenbar, insofern es nicht privaten, sondern amtlich-öffentlichen Charakter hat und der Feder eines von Gott legitimierten Apostels entstammt, als ein Dokument von großer Dignität, mittels dessen Gott selbst sich durch das verlesene Wort seines Apostels Gehör verschafft.»[43]

Oft wird auch die These einer «apostolischen Autorität» an den Topos der Parusie, der Ankündigung des Wiederkommens, geknüpft. Paulus habe diesen ausgearbeitet zum Topos der «apostolischen Parusie»: In Verbindung mit Reiseplänen und der Sendung von Boten werde die vollmächtige Gegenwart des Apostels in einer Gemeinde gewissermaßen brieflich hergestellt. «Indem Paulus seine Präsenz in der Gemeinde durch einen Brief, einen Abgesandten oder die eigene Person bedenkt, bringt er zugleich seine apostolische Autorität ins Spiel».[44]

Richtig ist die Wahrnehmung, dass die Briefe eine *hierarchische* Beziehung installieren: Die Missionare und namentlich Paulus beanspruchen, den Gemeinden Weisungen erteilen zu können, und fordern insofern die Anerkennung einer Autorität ein. Das geschieht allerdings nicht über die Form selbst, sondern in der Diktion und Argumentation. Die eben beispielhaft analysierten Briefteile, namentlich 2Kor 10–13, lassen ja im Gegenteil erkennen, dass der Autor die Anerkennung seiner persönlichen Autorität nicht voraussetzt, sondern einfordert. Die Thesen können sich also nicht auf den Briefbefund selbst stützen. Und dies gilt auch für die Unterstellung, Paulus habe in «apostolischer Autorität» geschrieben. In Kap. III werden wir feststellen, dass die Briefe nicht nur kein Konzept von brieflicher Autorität unterstellen, sondern dass es offenbar überhaupt kein festes Konzept von «apostolischer Autorität» jenseits der Erstmission gab.

Dem widerspricht auch nicht der Römerbrief, der unter den Briefen, wie bereits gesagt, eine Ausnahme ist, da Paulus hier nicht an eine von ihm ge-

---

diesen Ähnlichkeiten aufweist. Dagegen ist jedoch festzuhalten, dass sich die frühjüdischen Briefe nicht an Neubekehrte richten, die in ihrem Glauben unterwiesen werden müssen.

43 Vorholt, Apostolatstheologie, S. 105. Die These ist ungedeckt, nicht nur, weil sie ein nicht nachweisbares Verständnis des frühchristlichen Gottesdienstes unterstellt. Überdies spricht 1Thess 5,27 gar nicht von einer Verlesung im Gottesdienst. Nach Becker, Mündliche und schriftliche Autorität, S. 74–78, ist schon wegen der Länge der Briefe eher eine Verlesung bei Gemeindeversammlungen anzunehmen.

44 So Schnelle, Einleitung, S. 59 mit Verweis auf 2Kor 13,10 als Beispiel. These und Formulierungen gehen zurück auf Funk, Apostolic Parusia, und werden seitdem breit rezipiert. Als Texte werden angeführt 1Thess 2,17–3,10; Gal 4,12–20; Röm 1,8ff. Zur Kritik vgl. Gerber, Paulus, S. 67–69.

gründete Gemeinde schrieb. Deutlich erkennbar ist, wie er laviert, um zu erklären, warum er den Christusanhängerinnen in Rom schreibt, obwohl er sie nicht selbst missioniert hat. Vorsichtig relativiert er eingangs den Eindruck, dass er beanspruche, sie zu stärken, und spricht dann von gegenseitiger Glaubensmitteilung: «Denn ich sehne mich danach, euch zu sehen, damit ich euch etwas geistliche Gnadengabe mitteile, damit ihr gestärkt werdet – das heißt aber, gemeinsam Zuspruch zu erfahren unter euch durch den gegenseitigen Glauben, euren und auch meinen» (1,11f). Und am Schluss räumt er ein, dass seine Ausführungen kühn gewirkt haben könnten, und legitimiert sie mit seiner Sendung zu den Völkern, aber nicht als autoritative Bekundung gegenüber den Adressierten selbst: «Etwas kühn aber habe ich euch zum Teil geschrieben, um euch zu erinnern aufgrund der mir von Gott verliehenen Gnade, dass ich ein Diener Christi Jesu bin für die Völker, der als Priester am Evangelium Gottes Dienst tut, damit das Opfer der Völker angenehm werde, geheiligt im heiligen Geist» (15,15f).

4) Die Bedeutung der bleibenden Beziehung für den Glauben

Nicht das Konzept der «apostolischen Autorität» ist also der Horizont, vor dem die Briefe des Paulus zu lesen sind, sondern die Relevanz der Beziehung als solcher. Die Briefe bzw. Briefteile 1Thess 1–3 und 2Kor 10–13 haben das bei aller Unterschiedlichkeit der «Beziehungsarbeit» gleichermaßen gezeigt. Die gute Verbindung zwischen Missionaren bzw. Paulus und den angeschriebenen Gemeinden ist ein mit der Form des Briefes bereits vermitteltes Anliegen. Durch Floskeln und Topoi wird es bekräftigt (1Thess) bzw. durch Selbstverteidigung eingefordert (2Kor 10–13). Das Heil der Gemeinden, so suggerieren die Briefe, hängt auch daran, dass sie in guter Verbindung zu Paulus stehen und ihn respektieren. Diese Botschaft wird mittels Beziehungsmetaphern eingeschrieben (s. Kap. IV). Die briefliche Form ist also nicht beliebig gewählt, sondern korrespondiert der Bedeutung der Beziehung: Der Brief ermöglicht die Beziehungspflege, und die Beziehung ist ein wesentliches Anliegen der Missionare, denn sie gibt der Gemeinde den notwendigen Halt bis zum Eschaton.

Für die Leserin fast 2000 Jahre später vertieft das allerdings die im ersten Kapitel thematisierte Fremdheitserfahrung: «Wir» sind nicht nur nicht adressiert, sondern «wir» beobachten auch eine fremde Beziehung. Doch findet der Leser hier auch einen wichtigen Anknüpfungspunkt, nicht in der distanzlosen Aneignung dieser konkreten Beziehungen, aber im Nachdenken über die Bedeutung der Beziehungshaftigkeit. Dies verlangt zunächst wiederum vom heutigen Leser, die Unterschiede zwischen den paulinischen Gemeinden und dem gegenwärtigen Christentum einer volkskirchlichen Prägung wahrzunehmen. Das paulinische Christentum baut nicht auf familiären und kulturellen Traditionen auf, sondern ist eine «Bekehrungsreligion».[45] Die Bedeutung der persönlichen Verbindung und deren aus der Sicht des Paulus hierarchische Gestaltung wird damit verständlich. Paulus hat ja vor allem Menschen missioniert, die nicht jüdisch waren, also mit einem anders besetzten Götterpantheon lebten. Eine Bekehrung zu einem anderen Glauben bedeutet, in der Analyse der Wissenssoziologie gesprochen, einen Wechsel der Sinnwelt.[46] Die Wirklichkeit ist danach nicht Abbildung von Gegebenem, sondern «gesellschaftlich konstruiert».[47] Wer bekehrt wird zum Glauben an den einen Gott und seinen Sohn soll sich also in einer anderen Sinnwelt neu verstehen und muss sein altes Weltbild aufgeben. Er muss gewissermaßen noch einmal sozialisiert werden. Wie die Primärsozialisation, so ist auch die «Re-Sozialisierung» ein Prozess, und es bedarf anderer Menschen, einer Gemeinschaft, um die Konvertitinnen der Wahrhaftigkeit des neuen Wirklichkeitsverständnisses zu vergewissern. Die Bekehrung zum christlichen Glauben wird für die wenigsten im Augenblick eines «Damaskuserlebnisses» zur unangefochtenen Überzeugung geworden sein.[48] Vielmehr sind es glaubwürdige Menschen, die diese neue Sinnwelt als Wirklichkeitsverständnis weitergeben und gegen Anfragen entfalten. Solche «Anfechtungen» sind nicht zuletzt gegenwärtig im alten Wirklichkeitsverständnis, das die Umwelt weiterhin lebt, und unter Druck durch die Umwelt. Unabdingbar für den Prozess der «Resozialisierung» sind daher die fortdauernde Beziehung zwischen Missionar und Bekehrten und die gegenseitige Bestärkung innerhalb der Gemeinde.

Auch wenn das Christentum heute in unseren Breiten (noch) «Traditionsreligion» und dominante Sinnwelt ist, lässt sich doch hier die Bedeutung der

---

45 Zur (idealtypischen) Unterscheidung von Bekehrungs- und Traditionsreligion vgl. Wolter, Entwicklung.
46 Vgl. die detaillierte Darstellung der Theorie und Anwendung auf den 1Thess durch Börschel, Konstruktion. Sie nimmt vor allem die wissenssoziologische Theorie P. Bergers und Luckmanns auf.
47 Vgl. so den Titel der klassischen Schrift Bergers und Luckmanns.
48 Auch Paulus wurde mit seinem sog. Damaskuserlebnis seine Glaubensüberzeugung und Theologie wohl kaum bereits so zuteil, dass er keiner weiteren Unterweisung mehr bedurfte (vgl. Schnelle, Paulus, S. 88–94). Im Blick auf Paulus ist jedoch nicht in gleicher Weise von einer «Bekehrung» zu sprechen, da er nicht die Religion wechselte, sondern innerhalb des Glaubens an den einen Gott neue Überzeugungen gewann, was die Bedeutung Jesu Christi für das Gottesverhältnis sowie die Völker betraf. Wie Kontinuität und Diskontinuität genau zu bestimmen sind, wäre ein eigenes Thema: Es gibt unterschiedliche Antwortmöglichkeiten, denn auch hier bestimmt das Subjekt der Rekonstruktion die Kriterien.

Beziehungshaftigkeit für die Plausibilität der Sinnwelt ablesen. So ist etwa die Bedeutung der Familie für die Entwicklung des religiösen Bewusstseins, des Gottvertrauens wie für die Einübung in religiöse Traditionen auch in unserer Gesellschaft evident – und sei es am negativen Befund, dass mit der familiären Religiosität auch die Traditionen abbrechen.[49]

So erklärt sich, dass die Form des Briefes neben der narrativen Entfaltung der Jesusgeschichte in den Evangelien und der Apostelgeschichte zur bevorzugten Gattung im Neuen Testament wurde und auch fiktiv weiter gepflegt wurde.[50] Briefe spiegeln als Medium, dass im frühesten Christentum das Evangelium von Jesus Christus plausibel wurde durch die persönliche Begegnung mit Menschen, die eine Glaubensgewissheit und Heilszuversicht gerade auch angesichts unheilvoller Erfahrungen der Gegenwart überzeugend vertraten.

---

[49] Vgl. Domsgen, Familie und Religion, in Bezug auf die Verhältnisse in Deutschland, im Westen und Osten.

[50] Auch die Offenbarung des Johannes hat einen brieflichen Eingang und sieben Sendschreiben (Offb 1–3). Bei Hebr, Jak und 1Joh beschränkt sich die Briefform allerdings auf Elemente am Briefeingang bzw. Schluss, aber auch diese sind geprägt durch direkte Anreden. Neben den sieben Paulinen gelten 2 und 3Joh als echte Briefe (zu deren epistolographischer Analyse s. Klauck, Briefliteratur, S. 41–52). Auch unter den sog. Apostolischen Vätern wird die Briefform weiter gepflegt (s. 1Clem, orientiert am paulinischen Briefformular, die Ignatianen oder den Polykarpbrief).

III «Bin ich nicht Apostel?» (1Kor 9,1) – zur Bedeutung des Apostolats

«Bin ich etwa nicht Apostel?», so fragt Paulus in 1Kor 9,1. Diese Frage ist eigentlich rhetorisch gemeint – Paulus suggeriert, dass er sich der Zustimmung sicher ist. Doch die Apostelgeschichte wird später mit Nein antworten. Paulus, der Spätberufene (s. Apg 9), ist für die Apostelgeschichte, da er keiner der Zwölf ist, nicht Apostel, sondern nur der «dreizehnte Zeuge»[1]. Paulus selbst jedoch beansprucht für sich, «Apostel» zu sein. Für ihn ist die Vision des Auferstandenen entscheidend, nicht die Begleitung Jesu zu Lebzeiten. «Bin ich nicht Apostel? Habe ich nicht Jesus, den Herrn gesehen?» (1Kor 9,1). Darum zählt er sich als letzten unter die Zeuginnen der Auferstehung Jesu (1Kor 15,9) und nennt sich «Apostel Jesu Christi»[2]. Nicht die Erfahrung des Auferstandenen allein, sondern die für ihn damit verbundene Berufung zur Verkündigung des Evangeliums, insbesondere unter die Völker, ist dabei offenbar für seinen persönlichen Apostolat wichtig: Er ist «Apostel der Völker» (Röm 11,13).

Zwei Beobachtungen sind für die folgenden Überlegungen zentral: Einerseits erkennen wir deutlich, dass Paulus seinen Apostolat durch seine Berufung in einer Vision des «Sohnes Gottes» begründet sieht (Gal 1,15). Andererseits gibt es jedoch offenbar bis gegen Ende des 1. Jh. n. Chr., die Zeit, in der wir die Abfassung der Apostelgeschichte ansetzen, und darüber hinaus kein einhelliges Konzept davon, wer und was ein «Apostel» ist.[3]

In unserer Beschreibungssprache ist die Rede vom «Apostel Paulus» ganz selbstverständlich, und für die Ekklesiologie der Kirchen spielt der Apostolat eine zentrale Rolle (s. u.). Umso wichtiger ist es, die mit diesem vertrauten

---

[1] So der treffende Buchtitel von Burchard. Es ist allerdings fraglich, ob die Apg selbst überhaupt einen festen Apostolatsbegriff hat, denn sie verwendet ihn einmal auch für Paulus und Barnabas (s. Apg 14,4.14). Zentral sind für die Apg wohl eher die Zwölf, die im lukanischen Doppelwerk auch «Apostel» genannt werden (Lk 6,13; Apg 1,26). Denn um dieser israelsymbolischen Zahl willen muss nachgewählt werden (Apg 1,15ff; vgl. Frey, Apostelbegriff, S. 119f.134ff). Wenn der Aposteltitel, wie hier argumentiert wird, in den ersten christlichen Generationen noch keine autoritative Bedeutung hatte, dann ist es kein Zeichen fehlenden Respekts, wenn der Titel Paulus in der Apg versagt bleibt. Paulus kommt auch nach der Apg für die Ausbreitung des Glaubens «bis an die Enden der Erde» (1,8) eine eminente Bedeutung zu (vgl. ähnlich Frey, a.a.O., S. 136).
[2] So in 1Kor 1,1; 2Kor 1,1; Röm 1,1, vgl. 1Thess 2,7.
[3] Vgl. zur Frage insgesamt Frey, Apostelbegriff; Gerber, Paulus, S. 117ff; Haacker, Paulus, S. 101–107.

Sprachgebrauch verbundenen Assoziationen nicht unbedacht in die Lektüre der Paulusbriefe einzutragen, sondern von der Verwendung in den authentischen Paulusbriefen auszugehen: Was verbindet sich in den Briefen des Paulus mit dem Begriff *apostolos* tatsächlich – und was offenbar nicht?

Ich unterstreiche damit eine Forderung aus der exegetischen Zunft der letzten Jahrzehnte: Die Auslegung und Rekonstruktion des Textsinns muss sich des Unterschieds zwischen Quellensprache und Beschreibungssprache bewusst sein. Begriffe unserer Beschreibungssprache wie «Apostel» und auch «Kirche», «Sühne», «Opfer» oder lexikalisierte Metaphern wie «Gott Vater» oder «Versöhnung» sind nicht mit denen der Quellensprache bedeutungsgleich, selbst wenn es zunächst Übersetzungsbegriffe gewesen sind. Der Gebrauch in den zwischen den Texten und uns liegenden Jahrhunderten hat die Begriffe und Metaphern mit Bedeutungen aufgeladen, die wir nicht unreflektiert in die historisch orientierte Lektüre der Quellentexte einspeisen sollten.[4]

Ein Beispiel möge das verdeutlichen, die für uns älteste literarische Erwähnung von *apostolos* in 1Thess 2,7. Im Briefpräskript hatten sich die drei Absender, Paulus, Silvanus und Timotheus, nicht als Apostel vorgestellt, sondern nur mit Namen.[5] Was also meinen die Missionare, wenn sie rückblickend auf ihren Aufenthalt in Thessalonich schreiben:

«Wir haben auch nicht Ehre gesucht bei den Leuten, weder bei euch noch bei andern – obwohl wir unser Gewicht als Christi Apostel hätten einsetzen können –, sondern wir sind unter euch mütterlich gewesen: Wie eine Mutter ihre Kinder pflegt [...]» (1Thess 2,6f in der Lutherübersetzung). Für die Auslegung ist in der Regel klar: Man bzw. Paulus habe auf die ihm als Apostel zustehende Autorität verzichtet, als man das Evangelium dort erstmals verkündigte. «Mutter» steht, so verstanden, als Gegensatz zum Autoritätsanspruch. Allerdings ist diese Übersetzung sehr ungenau; im Griechischen ist die Rede von einer Amme (*trophos*), die ihre eigenen Kinder (*ta heautes tekna*) hegt. Auch dass die Missionare in einer Erinnerung an ihren ersten Aufenthalt schreiben, sie hätten auf die Autorität, die Aposteln zusteht, verzichtet, ist nicht sinnvoll. Denn wenn man als Missionar zum ersten Mal überhaupt in einer Stadt unter andersgläubigen Menschen wirbt für die Bekehrung «zu

---

4 Vgl. programmatisch Schröter, Sühne, S. 52f, in Bezug auf die Kategorien zur Beschreibung des Todes Jesu. Ganz anders setzt z. B. das Buch Vorholts an: Alles, was das Wirken des Paulus erkennbar bestimmt, wird unter dem Begriff «Apostolat» subsumiert. Dabei wird übersehen, wie wichtig einerseits die konkrete Gemeinde, das Gegenüber ist (s. oben Kap. II), wie wenig Paulus andererseits von einer akzeptierten Rolle ausgehen kann (s. unten Kap. IV).

5 Zur Briefabfassungssituation und Intention von 1Thess 1–3 vgl. Kap. I.

Gott, weg von den Götzen, um zu dienen dem lebendigen und wahren Gott» (1,9), dann wäre ein Autoritätsanspruch als Apostel kaum zu stellen. Im Folgenden soll daher die Bedeutung des Begriffs «Apostel» nach allgemeinen Beobachtungen zur Semantik von der Begriffsverwendung in den authentischen Paulusbriefen her geklärt werden, ohne ein bereits klar umrissenes Konzept zu unterstellen. Das Ergebnis wird sein, dass die Paulusbriefe den Begriff in nur wenigen, aber inhaltlich klar erkennbaren Zusammenhängen verwenden – und sich bei dieser Lektüre auch die Gegenüberstellung von Apostelanspruch und Mutter in 1Thess 2,7 besser verstehen lässt.

1) Zur Bedeutung von *apostolos*[6]

Apostolos ist eine maskuline Nominalbildung zum Verb *apostellein*, das u. a. «absenden, ausschicken» bedeutet. *Apostolos* kann in nichtchristlichen Kontexten verschiedenes «Ausgesandtes» bezeichnen, mitnichten nur Menschen, sondern auch die Flottenexpedition oder den Lieferschein.[7] Erst in frühchristlichen Texten wird der Begriff spezifischer und letztlich exklusiv für Gesandte der ersten christlichen Generation verwendet.

Weil die «Apostel» für das Selbstverständnis der späteren Kirchen so relevant wurden, findet die Frage großes Interesse, woher dieses frühchristliche Konzept kommt. Steht trotz der uns erkennbaren Divergenz des neutestamentlichen Gebrauchs am Anfang ein einheitliches Verständnis von Apostolat? Geht dieses womöglich auf Jesus selbst zurück?[8] Besonderen Reiz hatte die These, dass *apostolos* analog dem hebräischen *schaliach* (Gesandter) gebildet wurde und mit diesem das altsemitische Botenrecht erinnert:[9] «Der Gesandte eines Menschen ist wie dieser selbst»[10]. Das zeige, dass mit

---

6 Für die Frage der Apostolizität und des Begriffs vgl. ausführlich Frey, Apostelbegriff, hier allerdings im Blick auf Paulus mit etwas anderen Pointen. Zur Semantik vgl. die sorgfältige Studie von Lohmeyer, Apostelbegriff.
7 Vgl. genauer Rengstorf, Art. *apostellō* etc., S. 406–408.
8 Diskutiert wird seit der 2. Hälfte des 19. Jh., als erstmals die Inkongruenz aufgewiesen wurde zwischen der Annahme, Jesus selbst habe den Apostolat begründet und es habe dreizehn Apostel (die zwölf und Paulus) gegeben, und dem neutestamentlichen Befund. Zur Forschungsgeschichte vgl. Roloff, Art. Apostel etc., S. 430–432; Lohmeyer, Apostelbegriff, S. 18–122.
9 Vgl. so vor allem Rengstorf, Art. *apostellō* etc., S. 414–420.425f.443, der dies konkret mit dem jüdischen «Rechtsinstitut des *schaliach*» verbinden wollte, das eine Autorisation des Beauftragten impliziert habe. Das wird heute nicht mehr vertreten, weil die Quellen dafür deutlich jünger als das NT sind. Eine Ableitung vom jüdischen Botenrecht wird dennoch behauptet, so etwa von Vorholt, Apostolatstheologie S. 58f.
10 Mischna Berakhot 5,5, oft zitiert in diesem Zusammenhang (so etwa bei Roloff, Art. Apostel

apostolos das Konzept von Repräsentanz verbunden sei, *apostolos* «ein formaler Autorisationsterminus» gewesen sei, der im christlichen Kontext spezifiziert wurde.[11] Neu sei vor allem gewesen, dass hier die Sendung eine lebenslange Beauftragung implizierte.

Die Verwendung im Neuen Testament lässt allerdings diese Repräsentanzfunktion kaum erkennen[12] und auch keinen Anschluss an die hebräische Rede von *schaliach*. Dass die Bezeichnung «Apostel» auf Jesus zurückgeht, ist mehr als zweifelhaft.[13] Darum wird hier eine andere Ableitung favorisiert, die gerade keine den Begriff prägende Vorgeschichte voraussetzt.[14] Vielmehr scheint es, dass das griechische Wort zur Verwendung im frühchristlichen Kontext gerade wegen seiner semantischen Unscheinbarkeit brauchbar war. Als es darum ging, eine neue Form der Aussendung von Menschen zu beschreiben, das geläufige Wort für Bote aber, *angelos,* als Bezeichnung für den «himmlischen Boten» nicht mehr zur Verfügung stand[15], bot sich *apostolos* an.

Ein Apostel bzw. eine Apostelin ist nach diesem Sprachgebrauch zunächst ein Ausgesandter bzw. eine Ausgesandte; die Bezeichnung impliziert eine Beauftragung und ein Ziel, ohne diese bereits inhaltlich zu spezifizieren. So spricht Paulus z. B. im Zusammenhang einer Geldsammlung, die im Bereich der Paulusmission für die erste Gemeinde in Jerusalem erbracht werden soll, von «Geschwistern, Aposteln der Gemeinden» (2Kor 8,23), also Abgesandten von Gemeinden.[16] Diese hatten gewiss einen zeitlich befristeten Auftrag. Wenn Paulus sich in Gal 1,1 als «Apostel nicht von Menschen noch durch einen Menschen» präsentiert, meint er es offenbar anders. Deshalb ist die Annahme, dass der Begriff «Apostel» im frühen Christentum nicht klar

---

etc., S. 432). Hierbei wird aber der Kontext übersehen: Es geht nicht darum, Inhalte weiterzugeben, sondern darum, dass der Beauftragte den Auftraggeber vertritt. Konkret geht es darum, dass derjenige, der im Auftrag eines anderen betet, an sich selbst erlebt, ob es dem Auftraggeber kraft seiner Fürbitte besser geht oder nicht.

11 So Roloff, a.a.O., S. 433.

12 Vgl. auch Frey, Apostelbegriff, S. 143f (allerdings anders a.a.O., S. 180); Gerber, Paulus, S. 120f, für die zur Begründung angeführten Texte. Einzig in Lk 16,10 kann die Sendung im Sinne einer Repräsentanzfunktion verstanden werden. Auch Paulus verwendet *apostolos* etc. nicht, wenn er beansprucht, Christus zu repräsentieren (in 2Kor 5,20, s. dazu Kap. IV 3)).

13 Vgl. Frey, Apostelbegriff, S. 142f. Weniger zweifelhaft, aber auch umstritten ist, dass der Zwölferkreis auf Jesus selbst zurückgeht (Frey, a.a.O., S. 140f).

14 Lohmeyer, Apostelbegriff, S. 123–159; Haacker, Art. Sendung/Mission, S. 1661.

15 Vgl. Haacker, Art. Sendung/Mission, S. 1661: Die neutestamentliche Verwendung des Wortes sei ein «sonderspachlicher Neologismus, der aus den profangriech[ischen] Vorgaben nicht erklärbar ist und in der Antike auch als solcher empfunden wurde; daher die Wiedergabe durch das lat[einische] Fremdwort *apostolus* [...]».

16 Vgl. auch Phil 2,25.

definiert war, am plausibelsten. Um zu verstehen, was Paulus in Bezug auf seine Person damit verband, ist daher von der Frage auszugehen, wann er den Begriff gebrauchte – und auch, wann nicht. Dass Paulus bereits seit seiner Bekehrung ein festes Konzept von einem «Apostel» und seinem Apostolat gehabt hätte, ist dabei nicht zu unterstellen. Wahrscheinlicher ist, dass er es erst schärfte in kritischen Situationen, wie sie die Briefe jeweils voraussetzen.[17]

Apostolos in den authentischen Paulusbriefen

Ein Blick in die Konkordanz legt nahe, dass sich mit dem Stichwort *apostolos* nicht das ganze Wirken des Paulus und seine briefliche Aktivität erklären lassen. Paulus verwendet die Worte *apostolos* und Derivate relativ selten[18] und etwa genauso oft in Bezug auf sich allein wie in Bezug auf andere bzw. allgemein. Er weiß um andere Apostel vor ihm,[19] namentlich zählt er Petrus zu den Aposteln (1Kor 9,5; Gal 2,8). Bemerkenswert ist – vielleicht nicht für Paulus selbst, aber für die kirchliche Tradition, die den Apostolat als Männerdomäne kennt –, dass er in der Grußliste in Röm 16,7 wohl auch eine Frau nennt: «Grüßt Andronikus und Junia, meine Verwandten, meine Mitgefangenen, die hervorragend sind unter den Aposteln und die auch vor mir in Christus waren.»[20] Die beiden sind also wie Paulus jüdisch und bereits vor Paulus zum Christusglauben gekommen. Junia wird allerdings in vielen Bibelausgaben und -übersetzungen bis heute als «Junias» geführt und ist erst in den 1970er Jahren wieder als Frau entdeckt worden.[21] Die älteste Handschriftenüberlieferung kannte Junia als Frau; später wurde dann der Name so akzentuiert, dass aus dem Akkusativ des verbreiteten Frauennamens Junia der eines Männernamens Junias wurde, obwohl dieser Name sonst nicht belegt ist. Prinzip der Überlieferung war offenbar, dass nicht sein kann, was nicht sein darf.

Im Unterschied zu diesem Lob nennt Paulus sich selbst in der Reihe der Auferstehungszeugen «den letzten der Apostel», «gewissermaßen eine Fehl-

---

17 Mit Frey, Paulus und die Apostel, S. 196–199.
18 *Apostolos, apostellein* (aussenden), *apostolē* (Apostolat) fällt insgesamt 30 Mal in den als authentisch geltenden Paulusbriefen, eine relativ zur Häufigkeit der Selbstthematisierungen des Paulus geringe Anzahl.
19 Paulus erwähnt Apostel vor ihm in Jerusalem in Gal 1,17 und spricht in einer Auflistung unterschiedlicher Funktionen in 1Kor 12,28 von Aposteln im Plural.
20 Die Formulierung *episēmoi en tois apostolois* kann statt mit «hervorragend unter den Aposteln» auch übersetzt werden mit «bei den Aposteln anerkannt». Dann würde nicht vorausgesetzt, dass die beiden Genannten Apostel und Apostelin sind. Im Kontext ihrer Würdigung scheint mir jedoch wahrscheinlich, dass beide unter die Apostel gezählt werden.
21 Grundlegend war die Studie Brootens, «Junia». Vgl. zu Details Frey, Apostelbegriff, S. 124f.

geburt.²² Denn ich bin nicht würdig, dass ich ‹Apostel› genannt werde, weil ich die Gemeinde Gottes verfolgte. Durch die Gnade Gottes aber bin ich, was ich bin, und seine Gnade an mir ist nicht vergeblich gewesen, sondern übermäßiger als sie alle habe ich gearbeitet – nicht ich aber, sondern die Gnade Gottes, die mit mir ist» (1Kor 15,8–10). Das zeigt, dass «Apostelin» zu sein kein «Amt» ist, das man anstreben kann, sondern eine Auszeichnung; für sich spricht Paulus von *charis*, Begnadung, die also nicht «verdient» ist.²³ Der Sprachgebrauch bei Paulus setzt voraus, dass diese nur manchem zuteil wurde und auf eine frühe Generation von Jesusanhängern beschränkt blieb. Den Timotheus z. B. nennt Paulus, obwohl er ihn «wie einen Sohn» schätzt (1Kor 4,17), nirgends Apostel, sondern nur «Bruder» (2Kor 1,1 u. ö.), «Sklave Christi» (Phil 1,1), «Mitarbeiter» (Röm 16,21; 1Thess 3,2)²⁴. Auch die Liste von Auferstehungszeugen in 1Kor 15 legt nahe, dass für Paulus nicht alle Zeuginnen der Auferstehung «Apostel» sind, aber alle «Apostel» Auferstehungszeugen.²⁵

Was macht also den Apostel als solchen aus, abgesehen von der Ostervision? Es ist, entsprechend der Semantik des Wortes, die Aussendung zur Evangeliumsverkündigung an anderen Orten. Damit erklärt sich ihre Rolle als Erste, etwa in der Liste von Menschen, die Gott der Gemeinde gegeben hat (1Kor 12,28).²⁶ Sie sind die, die als Erste in einen Ort kamen, dort missionierten und wenn möglich Gemeinden gründeten. Auch die «Superapostel», gegen die Paulus in 2Kor 10–13 polemisiert, sind offenbar solche Reisenden.

Diese Feststellung, dass die Bezeichnung *apostolos* vor allem auf die Aussendung zur Evangeliumsverkündigung durch Christus respektive Gott Bezug nimmt, ist natürlich nicht überraschend, aber sehr relevant, denn sie vermag viele Aspekte der Rede vom Apostolat zu erklären: zunächst die Wahl des Wortes *apostolos* und seine fehlende Eindeutigkeit. Die christliche Bewegung zeichnet sich unter den zeitgenössischen religiösen und philoso-

---

22 Die metaphorische Rede vom *ektroma* ist zunächst irritierend, denn eine «Fehlgeburt» ist eigentlich eine Frühgeburt, während Paulus selbst ja reichlich «spät berufen» ist. Die Metapher zielt wohl auf die Lebensunfähigkeit oder Außenseiterrolle, s. Zeller, Der erste Brief, S. 471f, z. St.
23 Von *charis*, Gottes Gnade, spricht Paulus sehr häufig im Kontext seiner Berufung und seines Apostolats, Röm 1,5; 15,15; 1Kor 3,10; Gal 1,15; 2,9; vgl. auch Eph 3,7f.
24 Unter die Apostel wird Timotheus höchstens indirekt in 1Thess 2,7 subsumiert; vgl. dazu unten 2).
25 Mit Frey, Apostelbegriff, S. 130.
26 Vgl. Eph 2,20; 4,11. Auch Röm 10,14; 1Kor 1,17 setzten voraus, dass die apostolische Verkündigung am Anfang steht. Auch 1Kor 4,9 erklärt sich so: Die Apostel als eigentlich «Erste» für die Welt sind die Letzten.

phischen Weltdeutungen auch innerhalb des Judentums aus durch ihren expansiven Charakter.[27] Das Evangelium sollte nicht einer Schicht vorbehalten bleiben, letztlich auch nicht dem Judentum, sondern «unter alle Völker» getragen werden (Mt 28,19f). Für das Konzept eines «Missionsreisenden» gab es keine klaren sozialen Vorbilder[28] und keine bekannten Begriffe oder eingeübten Metaphern. Das Wort *apostolos* war, da es selbst keine bestimmten Vorstellungen evozierte, geeignet, diese semantische Lücke zu füllen. Entsprechendes lässt sich auch für die Rede vom *euangelion* sagen, das offenbar bald zum Terminus der Missionssprache wurde.[29] Allerdings ist wegen der semantischen Neuheit das Wort *apostolos* offenbar lange unterschiedlich verstanden und bezogen worden, wie wir eingangs sahen. Über dem kleinen gemeinsamen Nenner, dass *apostolos* ein Mensch ist, der göttlich beauftragt und ausgesandt ist, bleiben viele Deutungsspielräume.

Die Begriffsverwendung durch Paulus in Bezug auf seine eigene Person

Auch die Verwendung des Wortes bei Paulus für seine Person lässt sich sehr gut auf diesen Nenner bringen. Es begegnet vor allem in drei Kontexten: Erstens stellt sich Paulus in vier Briefen pointiert als *apostolos* vor (Röm 1,1; 1Kor 1,1; 2Kor 1,1; Gal 1,1), offenbar, um seine Botschaft zu legitimieren. Zweitens spricht er von seinem Apostolat, wenn er auf seine Berufungsvision zu sprechen kommt (1Kor 9,1; 15,9). Zumindest aus dem Rückblick, etwa zwanzig Jahre nach seiner Wende vom Verfolger zum Missionar, sieht Paulus seine persönliche Berufung vor allem in der Beauftragung, als «Apostel der Völker» (Röm 11,13) das Evangelium unter die nichtjüdischen Menschen zu tragen.[30] Dieser Charakter seiner Aufgabe tritt in den späteren Briefen in den Vordergrund, offenbar, da die von Paulus vertretene Praxis der beschneidungsfreien Mission nicht unumstritten war. Und so hebt er in Gal 1f besonders dar-

---

27 Die Verbreitung der eigenen Glaubensüberzeugung ist kein christliches Proprium; auch das Judentum war attraktiv, und es gab Proselytismus. Inwieweit Teile des antiken Judentums als missionarisch beschrieben werden können, ist umstritten (was auch an der Unklarheit des Begriffs «Mission» liegt). Eine gezielte Reisetätigkeit zur Ausbreitung der eigenen Glaubensüberzeugung ist aber nicht belegt (vgl. zur Diskussion Dickson, Mission-Commitment, allerdings mit anderer Sicht als hier).
28 Vgl. Gerber, Paulus, S. 24–33. Parallelen gab es durchaus, etwa zu Wanderphilosophen und zu atl. Propheten, aber diese betreffen immer nur einzelne Aspekte der apostolischen Vita.
29 Vgl. Koester, Art. Evangelium I; *euangelion* beschreibt zunächst die Missionspredigt und wird erst im 2. Jh. zu einer Gattungsbezeichnung.
30 Röm 1,5; 11,13; Gal 2,7f.

auf ab, dass er «Apostel nicht von Menschen und nicht durch einen Menschen, sondern durch Jesus Christus und Gott, den Vater [...]» ist (Gal 1,1).[31]

Und drittens kommt Paulus immer wieder auf sich als *apostolos* zu sprechen, wenn es um die Frage geht, ob er von einer Gemeinde Unterstützung annimmt. Um es zugespitzt zu sagen: Es geht schon damals ständig ums Geld, wenn auch mit einer gegenüber heutigen Finanzfragen umgekehrten Pointe. Da das selten zur Kenntnis genommen wird, möchte ich den Aspekt eigens beleuchten (s. u.).

Vorab ist aber noch eine Negativ-Feststellung wichtig: Paulus verteidigt zwar oft seine Anliegen und in 2Kor 10–13, wie wir sahen, auch sein persönliches Auftreten. Aber nirgends geht es dabei um ihn als *apostolos*. In Gal 1f verteidigt er nicht seinen Apostolat als solchen; dass er *apostolos* durch seine besondere Erwählung ist, ist Grundlage seiner Argumentation, ohne dass er es noch zu beweisen hätte. Er verteidigt vielmehr seine beschneidungsfreie Mission, und dazu beruft er sich auf seine göttliche Legitimation und darauf, dass ihm auch die Jerusalemer «Säulen» dies zuerkannt hätten: Die sahen, «dass ich betraut bin mit dem Evangelium der Unbeschnittenheit wie Petrus mit dem der Beschneidung, denn der, der in Petrus für das Apostolat der Beschneidung wirksam war, war auch in mir wirksam für die Völker» (Gal 2,7f).

Auch in 2Kor 2–7 verteidigt Paulus nicht seinen Apostolat, obwohl die Passage gern überschrieben wird als «Apologie des Apostolats».[32] Im ganzen Kontext spielt das Stichwort *apostolos* keine Rolle, sondern Paulus spricht von sich als *diakonos* und seiner *diakonia*.

Die gängigen Übersetzungen «Diener» und «Amt» machen nur unzureichend deutlich, was damit bezeichnet wird:[33] jemand, der oder die[34] von höherer Seite beauftragt und ihr verantwortlich ist, zu einer Aufgabe gegenüber Dritten. So kann Paulus in Röm 13,4 die staatliche Macht (*exousia*) bezeichnen als *diakonos* Gottes «dir zum Guten» wie dem, der Schlechtes tut als Rächerin zur Strafe. *Diakonos* ist offenbar allgemeiner gebrauchbar als *apostolos*. Der Begriff *diakonos* wird erst später zur Amtsbezeichnung,[35] und

---

31 Ungewöhnlich ist, dass Paulus hier Gott neben Jesus Christus als Sendenden nennt; ansonsten ist der Apostolat stets christologisch zurückbezogen; vgl. Röm 1,4f; 1Kor 1,1; 2Kor 1,1; 1Thess 2,7. Das korreliert mit dem Ursprung des Apostolats in einer Vision des Herrn bzw. Sohnes Gottes (Gal 1,16; 1Kor 9,1; 15,8f).
32 So die übliche Bezeichnung dieses Briefteils bzw. Brieffragments. Treffend ist die Bezeichnung insofern, als sie die verschiedenen Ausführungen dem apologetischen Interesse zuordnet.
33 Vgl. dazu Collins, Diakonia; Gerber, Paulus, S. 131–140.
34 Für eine Frau, Phoebe, als *diakonos* s. Röm 16,1f.
35 Vgl. Osiek, Art. Diakon I. Neues Testament.

für Paulus eignet er sich, um seine und des Mose Rolle zu vergleichen, indem er die jeweilige *diakonia* gegenüberstellt (2Kor 3,7–9).[36] Wenn Paulus in 2Kor 2–7 seine *diakonia* verteidigt, dann geht es nicht speziell um seine Aussendung zur Erstmission, sondern um seine weitere Beauftragung für die Gemeinde in Korinth.

2) Apostelrecht und Unterhaltsverzicht des Paulus

Dass hingegen gerade die Frage des Unterhalts mit dem Stichwort *apostolos* verbunden ist, ist gut nachvollziehbar. Das Leben als «Apostel» auf Reisen wirft auch praktische Probleme auf: Wovon kann man Fahrten finanzieren, wovon leben, wenn man neu in eine Stadt kommt? Für Apostelinnen war diese Frage insofern besonders virulent, als sie als «Erste vor Ort» nicht die Gastfreundschaft einer bereits bestehenden Gemeinde genießen konnten. Es gibt offenbar eine alte Regel dazu: «So hat der Herr angeordnet denen, die das Evangelium verkündigen, vom Evangelium zu leben» (1Kor 9,14). Dies ist eine der wenigen von Paulus als «Herrenwort» eingeführten Regeln, die uns auch tatsächlich in Evangelien überliefert sind.[37] In der Aussendungsrede der Logientradition, die im Lukas- und Matthäusevangelium überliefert ist, wird denen, die ihre Heimat im Auftrag Jesu verlassen, geboten, nicht Proviant oder Geld mitzunehmen, sondern dort, wo sie aufgenommen werden, zu bleiben und zu essen und zu trinken, denn: «Ein Arbeiter ist seines Lohnes wert» (Lk 10,7, vgl. Mt 10,10). In dieser allgemeinen Formulierung ist das Wort, das heute wie eine Gewerkschaftsparole klingt, natürlich vielfach verwendbar.[38] Im Kontext der Evangelien geht es aber ausdrücklich um solche Reisenden, die Jesus aussandte (*apostellein*, Lk 10,1.3; Mt 10,5.16). Auch die paulinischen Erörterungen des Themas lassen annehmen, dass für ihn diese Erlaubnis, sich von der Verkündigung als «Arbeit» zu ernähren, vor allem

---

36 Vgl. auch Kap. IV 3) zur *diakonia* der Versöhnung in 2Kor 5,18ff.
37 Vgl. sonst noch das Scheidungsverbot (1Kor 7,10 mit Mk 10,11f) sowie die Herrenmahlsüberlieferung (1Kor 11,24f mit Mk 14,22–25parr). 1Thess 4,15–17 lässt sich hingegen nicht in den Evangelien finden und könnte bei Paulus auf ein prophetisches Wort Bezug nehmen. Andere sachliche Übereinstimmungen wie in Röm 14,4f werden von Paulus nicht als Herrenwort eingeführt.
38 Das Logion vom Arbeiter, der seines Lohnes wert ist, ist in verschiedenen Zusammenhängen überliefert (vgl. Schröter, Erinnerung, S 182–184). Auch in der wohl in der Mitte des 2. Jh. entstandenen Schrift «Didache» (Apostellehre) begründet das Wort noch den Unterhalt von Wandermissionaren (Did 13,1). In 1Tim 5,18 dient das Motto jedoch bereits zur Begründung der Alimentation von Presbytern und ist nicht mehr als Herrenwort eingeführt.

mit der Bezeichnung *apostolos* verbunden war.[39] Das wird deutlich, wenn wir diese drei Kontexte genauer ansehen, 1Kor 9; 1Thess 2 und 2Kor 11f.

Der vorbildliche Unterhaltsverzicht (1Kor 9)

Die Verbindung von Apostolat und Unterhaltsrecht wird deutlich aus den ausführlichen Erörterungen zum Thema in 1Kor 9. Denn hier hält Paulus zunächst dezidiert fest, dass er Apostel ist, um daraus sein Recht auf Unterbringung und Versorgung abzuleiten. Eigentlich geht es aber darum zu erklären, warum er selbst auf dieses Recht dann doch verzichtet. Denn im Kontext von 1Kor 8–10 dient Verzicht auf Unterhalt als Beispiel für den Verzicht auf Freiheiten aus Rücksichtnahme auf andere.

«Bin ich nicht frei? Bin ich nicht ein Apostel? Habe ich nicht Jesus, unseren Herrn, gesehen? Seid ihr nicht mein ‹Werk› im Herrn? Wenn ich für andere nicht ‹Apostel› bin, so doch mindestens für euch. Denn mein ‹Siegel› des Apostolats seid ihr im Herrn» (1Kor 9,1f).

Diese rhetorischen Fragen und Anreden dienen als argumentative Basis für die folgenden Ausführungen, nämlich dass Paulus als Apostel Recht auf Unterhalt hat. Für uns sind die Fragen auch deshalb von Interesse, weil sie etwas vom Selbstkonzept des Paulus als Apostel erkennen lassen: Er begründet seinen Apostolat, wie wir bereits sahen, damit, dass er den «Herren gesehen hat» (vgl. 1Kor 15,8). Im Folgenden führt er einen weiteren Aspekt ein: Er ist zumindest Apostel für die Gemeinde in Korinth, denn sie kann als sein «Werk» gelten, und insofern besiegelt die Gemeinde seine Berufung zum Apostel. Die Metaphern vom «Werk» und «Siegel» spielen darauf an, dass Paulus Begründer der christlichen Gemeinde in Korinth ist (4,14f, s. Kap. V 2)) und die Gemeinde in Korinth daher als Beweis für seinen Apostolat gelten kann.[40] Der Apostolat steht also hier fest mit der erfolgreichen Mission an einem Ort, nämlich konkret den Angeschriebenen.

Daraus ergibt sich dann das Recht (*exousia*), nicht zu arbeiten. Paulus argumentiert weiterhin mit aneinandergereihten rhetorischen Fragen, die uns

---

39 Dafür spricht auch Did 11,3–6, wo es heißt, dass ein Apostel «wie der Herr» aufgenommen werden soll. Allerdings ist dessen Anspruchshaltung auch ein Echtheitstest: Wer länger als zwei Tage bleiben will oder mehr als nur Brot für den Tag mitnehmen will oder gar um Geld bittet, ist ein Pseudoprophet.

40 In 9,2 («Wenn ich für andere nicht ‹Apostel› bin, so doch mindestens für euch») wird das einzige Mal der Apostolat mit einer Ortsgemeinde verbunden. Dies soll nicht Zweifel am Apostolat des Paulus ausräumen, sondern deutlich machen, dass er die Minimalbedingung für das Unterhaltsrecht erfüllt, nämlich eine Gemeinde gegründet zu haben. Vgl. Gerber, Paulus, S. 127f zur Argumentation.

zeigen, dass es hier eine offenbar übliche Praxis gab: «Haben wir nicht das Recht zu essen und zu trinken? Haben wir nicht das Recht, eine Schwester als Ehefrau mitzuführen wie auch die übrigen Apostel und die Geschwister des Herrn und Kefas? Oder haben etwa nur Barnabas und ich nicht das Recht, nicht zu arbeiten?» (9,4–6). Die anderen Apostel und auch die Geschwister Jesu – namentlich bekannt ist uns «Jakobus, der Bruder des Herrn» (Gal 1,19) – sind offenbar auch reisend unterwegs und lassen nicht nur sich, sondern auch mitreisende Ehepartner von den Gemeinden versorgen.

Dieses Vorgehen ist an sich rational, wie Analogien aus dem Militärwesen (9,7a), der Landwirtschaft (9,7b–11) und dem Kultus (9,13) zeigen, und ist ja auch vom Herrn angeordnet (9,14). Wenn Paulus dann ausführlich darauf zu sprechen kommt, warum er dieses Recht (*exousia*) nicht in Anspruch nimmt, so führt er mehrere Begründungen an, die wir hier nur noch andeuten wollen: Man wolle dem Evangelium Christi nicht ein Hindernis in den Weg legen (9,12).[41] Er evangelisiere auch nicht freiwillig, daher nicht mit Anspruch auf Lohn, sondern sei mit der Verwaltung betraut, womit wohl gemeint ist, dass er die Rolle eines Sklaven innehat (9,17). Sein Lohn bestehe daher darin, das Evangelium kostenlos zu verkündigen (9,18). Nicht dass er evangelisiere, gereicht ihm zum Ruhm, sondern dieser Verzicht, den ihm niemand zunichtemachen wird (9,15d.16).

Wenn Paulus hier entwickelt, dass er als Apostel der Gemeinde in Korinth das Recht auf Unterhalt hätte, aber darauf verzichtet, weil er sich gewissermaßen zwangsverpflichtet weiß, so unterstellt er, dass dies Anerkennung in der Gemeinde findet.

Die Amme, die ihre leiblichen Kinder versorgt (1Thess 2,7)

So lässt sich auch die zunächst irritierende Erwähnung von «Aposteln Christi» in 1Thess 2,7 und die merkwürdige Gegenüberstellung von dem «Gewicht der Apostel Christi» und der Amme, die ihre Kinder hegt, verstehen.[42] Die Rede von «Aposteln Christi» als Anspielung auf das Unterhaltsrecht passt bestens in den Kontext. Die Missionare rufen in 1Thess 2,1–12 in Erinnerung, wie integer und opferbereit sie bei ihrem ersten Auftreten in Thessalonich agierten. Gut vorstellbar ist, dass der Text die Missionare subtil abgrenzen soll von «Wanderphilosophen», denen nachgesagt wurde, schmeich-

---

41 Der Plural in 9,12 schließt vielleicht Barnabas mit ein, der nach 9,6 wohl auch auf Unterhalt verzichtete.
42 Vgl. genauer Gerber, Paulus, S. 274–294. Dieser Zusammenhang wird in der Auslegung jedoch kaum erwogen und sonst nur von Stegemann, Anlaß und Hintergrund, klar entfaltet.

lerisch zu manipulieren, um «Ehrung von den Menschen zu suchen» (2,6). Das könnte eine Anspielung darauf sein, dass die Suche nach Ehre von Menschen eigentlich deren Geld galt, wie es oft Wanderphilosophen unterstellt wurde.[43] Im Gegensatz dazu steht dann die Selbstlosigkeit und Lauterkeit der Missionare in Thessalonich: Sie wollten kein Geld von den Konvertiten. So steht es ausdrücklich in 2,9: «Erinnert euch, Geschwister, unserer Mühe und Plage: Nachts und tags arbeitend, um euch nicht zu belasten, haben wir euch das Evangelium Gottes verkündigt.» Das impliziert, dass die Selbstfinanzierung der Missionare durch offenbar mühselige Arbeit nicht selbstverständlich ist, da man den Neubekehrten stattdessen hätte «zur Last» fallen können. Und genau so lässt sich auch 2,7 verstehen. *en barei einai*, was meist mit «Autorität haben» übersetzt wird, bedeutet dann «Belastung sein» wie das etymologisch verwandte Verb *epibaresai* in 2,9.[44] Finanzielle «Belastung» zu sein, hätte den Missionaren zugestanden als «Aposteln Christi» gemäß dem «Apostelrecht», das erlaubt, für das Evangelium Unterhalt oder Geld zu nehmen, und das, wie die Überlieferung des Herrenworts zeigte, offenbar schon im frühesten Christentum kursierte. «Wir hätten als Apostel Christi euch zu Last sein können, aber wir kamen in eure Mitte milde[45]; wie wenn eine Amme ihre leiblichen Kinder hegt, so entschieden wir, da wir euch ersehnten, euch nicht nur das Evangelium Gottes mitzuteilen, sondern auch unsere Seelen, weil ihr uns lieb geworden seid.» Eine Amme nimmt Geld für das Nähren und die Versorgung fremder Kinder, um die leiblichen, selbstredend unentgeltlich, ernähren zu können.[46] So haben die Missionare von anderen Geld genommen,[47] um von den neu Bekehrten in Thessalonich nicht Unterhalt zu

---

43 Diese Annahme ist in der Auslegung breit vertreten seit Dibelius' Kommentar, vgl. Holtz, Der erste Brief an die Thessalonicher, S. 64ff z. St.

44 Die Wurzel begegnet auch in 2Kor 11,9; 12,16 im Kontext des Unterhaltsverzichts; vgl. auch 1Tim 5,16.

45 Nicht gelöst ist allerdings auch mit dieser These die notorische *crux interpretum* in 1Thess 2,7, die wohl in jedem Proseminar als textkritisches Beispiel für die Dittographie oder Haplographie dient und wohl weiterhin dienen wird, bis wir uns im Eschaton beim Verfasser erkundigen können: Lesen wir *ēpioi*, «milde», dann passt das problemlos, weshalb diese Übersetzung hier gewählt ist. Aber als gut bezeugte *lectio difficilior* müsste *nēpioi* erklärt werden: «wir waren Säuglinge in eurer Mitte», was schlecht zur Ammenmutter passt. Vielleicht sollte man interpungieren: «wir waren, Säuglinge, in eurer Mitte [...]». Vgl. zur Diskussion Gerber, Paulus, S. 288–291.

46 Als Ammen werden in der Antike nicht nur Stillammen im engeren Sinne bezeichnet; Ammen waren auch für die Aufzucht nach der oft jahrelangen Stillzeit wichtig (s. Gerber, a.a.O., S. 282–284).

47 Zu denken ist an die Gemeinde in Philippi, die die Missionare vorher besucht hatten (vgl. 2,2) und der Paulus später schreibt: «Ihr wisst, Menschen in Philippi, dass am Anfang der

nehmen, als Zeichen ihrer Verbundenheit, vergleichbar der einer Amme zu ihren leiblichen Kindern. Im ältesten Paulusbrief ist dann nicht von einer «apostolischen Autorität» die Rede, als kennte man ein solches Konzept, sondern vom Verzicht auf Unterhalt, der Aposteln Christi zugestanden hätte. Anders als später in Korinth, wo Paulus dies als mangelnde Liebe ausgelegt wird (s. u.), kann man das hier einfach als Ausdruck der besonderen Hingabe in Erinnerung rufen.

Die Verteidigung des Unterhaltsverzichts (2Kor 11f)

Denn einige Jahre, nachdem Paulus seinen Verzicht auf Unterhalt der Gemeinde in Korinth noch als Beispiel präsentiert hatte (1Kor 9), scheint dies zum Problem geworden zu sein. Der Brief bzw. Briefteil 2Kor 10–13 lässt erkennen, dass man in Korinth diesen Verzicht auf Unterhalt auch während eines zweiten Besuchs in der Gemeinde als Ausdruck mangelnder Liebe deutet. Das Thema steht offenbar auch deshalb an, weil die «Superapostel» das Unterhaltsrecht in Anspruch genommen haben (11,12.20) und man in Korinth weiß, dass Paulus von anderen Gemeinden Unterstützung angenommen hat. Nun kann er nicht mehr positiv mit seinem Verzicht auf Unterhalt argumentieren, sondern er muss erklären, warum er von anderen Hilfe annahm, nicht aber von den Christusglaubenden in Korinth.

«Was nämlich ist es, worin ihr kürzer gekommen seid als die anderen Gemeinden, außer dass ich selbst euch nicht belastet habe[48]? Vergebt mir dieses Unrecht!», schreibt Paulus ironisch (12,13). Aber er argumentiert auch mittels Metaphern[49], die sein Verhalten bewerten als Verschonung bzw. Unterstützung der Gemeinde, mithin belegen sollen, dass der Verzicht nicht Ausdruck mangelnder Liebe und Verbundenheit sei. «Andere Gemeinden habe ich ausgeplündert, indem ich von ihnen Sold nahm, um euch zu dienen. Und als ich bei euch war und Mangel hatte, habe ich niemanden belastet. Denn meinen Mangel füllten die Geschwister, die aus Mazedonien kamen [...] Weshalb? Weil ich euch nicht liebe? Gott weiß es!» (11,8f.11). – «Sieh, ich bin bereit, ein drittes Mal zu euch zu kommen, und ich werde euch nicht belasten. Denn ich suche nicht das Eure, sondern euch. Es müssen ja nicht

---

Evangeliumsverkündigung, als ich auszog von Mazedonien, keine Gemeinde mit mir Gemeinschaft hatte im Geben und Nehmen als ihr allein», da sie mehrfach Unterstützung nach Thessalonich geschickt hatte (Phil 4,15f; vgl. auch 2Kor 11,9). Denkbar wäre aber auch, dass die anderen, die für die «nachts und tags» erbrachte Arbeit bezahlen (s. 1Thess 2,9), den «zahlenden Ziehkindern» der Amme entsprechen.

48 Das hier stehende Verb, *katanarkān*, kann sogar «lähmen» bedeuten.
49 Vgl. zur Argumentation mit Metaphern ausführlich Kap. IV.

die Kinder für ihre Eltern Schätze ansparen, sondern die Eltern für die Kinder. Ich aber werde mich gern verausgaben und verausgabt werden für euer Leben. Wenn ich euch mehr liebe, werde ich weniger geliebt?» (12,14f). Auch der Unterhaltsverzicht ist also ein Beziehungsthema. Wir sehen, wie viel Raum die Frage der gegenseitigen Beziehung in der Korrespondenz einnimmt, wie wichtig ihre Verteidigung gegen Missverständnisse war – und dass dabei scheinbar profane Dinge wie Verköstigung oder Geld wichtig waren.

3) Der Apostolat des Paulus und apostolische Sukzession

Im ökumenischen Gespräch zwischen der römisch-katholischen und den evangelischen Kirchen spielt der Begriff des «Apostolischen» eine große Rolle.[50] «Apostolizität» ist eine der ökumenisch anerkannten *notae ecclesiae*[51], doch worin sich diese ausdrückt, ist umstritten. Die Zeit der Apostel ist ja begrenzt auf die Entstehungszeit des Christentums. Als Charakterisierung der Kirche kann Apostolizität deren «Übereinstimmung mit den Aposteln oder die Herkunft bzw. Herleitung von den Aposteln» bezeichnen.[52] Während «Übereinstimmung» eher die reformatorische Vorstellung beschreibt, die sich vor allem an der Schriftgemäßheit ausweisen muss, ist «Herkunft» das eher römisch-katholische Konzept. Die Rede von «Apostolizität» knüpft legitimierend an die von *apostolos* in der Quellensprache an. Ohne die vielfältigen Formen der Rückbeziehung auf die apostolischen Ursprünge diskutieren und die ökumenischen Gespräche über die Vorstellungen der kirchlichen Ämter würdigen zu können,[53] soll abschließend skizziert werden, wie die Quellensprache sich zum Konzept «apostolischer Sukzession» verhält.

Einem Teil der römisch-katholischen Tradition zufolge beruht die Apostolizität der Kirche gerade auch darauf, dass eine ungebrochene Sukzession von den durch Jesus selbst berufenen zwölf Aposteln über die späteren

---

50 Vgl. die Beiträge des Ökumenischen Arbeitskreises evangelischer und katholischer Theologen im Sammelband «Das kirchliche Amt in apostolischer Nachfolge», hrsg. von Schneider und Wenz. Die folgende Darstellung ist unterkomplex und will nur das Verhältnis zur Quellensprache pointiert problematisieren. Vgl. so bes. Wenz, Von Aposteln.
51 Die *notae ecclesiae*, Kennzeichen der Kirche, sind Einzigkeit, Heiligkeit, Apostolizität und Katholizität respektive Allgemeinheit, die zurückgehen auf das nizäno-konstantinopolitanische Glaubensbekenntnis, in der lateinischen Formulierung «una sancta catholica et apostolica ecclesia».
52 Vgl. Härle, Art. Apostolizität, S. 653f, und zu den unterschiedlichen Bedeutungen des Begriffs insgesamt Beinert, Apostolisch.
53 Vgl. dazu Sattler, Überlieferung.

Amtsträger bis heute führt.[54] Nicht das Amt der Apostel, aber ihre Funktionen, insbesondere die Gemeindeleitung, würden weitergeführt im Amt der Episkopen, der Gemeindeleiter und später überregional tätigen Aufseher.[55] Dass sich die Kirchen der Reformation großteils dieser durch die Bischöfe weitergeführten Sukzession begeben haben, ist ein Grund für die Nichtanerkennung ihres Amtes durch die römisch-katholische Kirche.[56] Auch für die katholische Ekklesiologie ist diese Orientierung am Zwölferkreis folgenschwer, da mit der Annahme, Jesus habe bewusst nur Männer zu Aposteln berufen, der Ausschluss von Frauen vom Priesteramt begründet wird.[57]

Von diesen «Aposteln», namentlich denen, welche die Tradition im Zwölferkreis zusammenfasst, ihrer missionarische Tätigkeit oder einem «Amtsverständnis», ist allerdings kaum etwas überliefert. Nur von Petrus wissen wir überhaupt, dass er außerhalb Jerusalems Mission betrieb.[58] Für die Konzeption einer Amtsfolge kann man sich daher innerhalb des NT am ehesten auf die Pastoralbriefe beziehen. Diese knüpfen allerdings nicht beim Zwölferapostolat, sondern beim «Apostel Paulus» an. Diesen Briefen zufolge, die nicht vor Ende des 1. Jh. n. Chr. unter dem Namen des Paulus verfasst wurden,[59] hat Paulus die Apostelschüler Timotheus und Titus durch Handauflegung mit der Bewahrung der Lehre betraut (1Tim 4,14; 2Tim 1,6) und ihnen die Einsetzung von Episkopen und Presbytern aufgetragen (1Tim 3,1ff; Tit 1,5–9).[60]

Die Pastoralbriefe entwickeln freilich den Episkopat, nicht einfach als Fortführung des paulinischen Apostolats. Sie halten dezidiert fest, dass nur

---

54 Das Konzept einer Sukzession von Aposteln zu Episkopen deutet sich an in 1Clem 42; 44,1–3, wird aber erst richtig greifbar gegen Ende des 2. Jh. n. Chr., vgl. Merkt, Das Problem. Die traditionelle Vorstellung, dass die Sukzession durch die Handauflegung weitergegeben wird (als «Pipeline-Theorie» innerkatholisch karikiert), ist jedoch durchaus nicht Lehrmeinung, vgl. Beinert, Apostolisch, S. 291.
55 Dazu gehört auch der Primat des auf Petrus zurückgeführten Bischofssitzes in Rom. Siehe z. B. die Dogmatische Konstitution Lumen Gentium 18ff des II. Vatikanums; vgl. Wenz, Von Aposteln, S. 52. In den als authentisch anerkannten Paulusbriefen werden *episkopoi* nur in Phil 1,1, neben *diakonoi*, erwähnt, und zwar im Plural in unklarer Funktion.
56 Vgl. Neuner, Art. Sukzession, S. 1862.
57 Vgl. die Schrift Inter insigniores der Glaubenskongregation von 1976 und das apostolische Schreiben Ordinatio sacerdotalis des Papstes Johannes Paul II aus dem Jahre 1994.
58 Das geht aus 1Kor 9,5; Apg 12,17 hervor; vgl. Frey, Apostelbegriff, S. 146–148, zur früh endenden Bedeutung des Zwölferkreises.
59 Vgl. zu den Fragen der Entstehung der Pastoralbriefe und ihrem Paulusbild Häfner, Pastoralbriefe.
60 Vgl. Söding, Geist und Amt, S. 234–244. Die Pastoralbriefe nennen drei Ämter, neben Episkopen auch Presbyter und Diakone. Ihr Konzept ist dabei nicht spannungsfrei, so dass keine klare Hierarchie erkennbar wird.

Männer für die Aufgabe des Episkopen infrage kommen, und zwar Männer, die nicht nur untadelig sind, sondern «Mann einer einzigen Frau, nüchtern, besonnen, anständig, gastfrei, zur Lehre geeignet, kein Trinker, kein Schläger, sondern milde, nicht streitsüchtig, nicht geldgierig [...]» (1Tim 3,2f). Es geht hier wohl kaum darum, trinkfreudige Bigamisten vom Amt fernzuhalten, als Frauen überhaupt und Männer, die sexualasketisch lebten. Und auch Sklaven kommen somit nicht für das Bischofsamt infrage, sondern nur männliche Haushaltsvorstände. Damit fällt freilich Paulus selbst als Vorbild aus, lebte er doch bewusst ehefrei (1Kor 7,7f), was ihm seine «Mobilität» und zeitgleiche Beziehung zu den verschiedenen Gemeinden ermöglichte.[61]

Während einerseits die Paulus zugeschriebenen Pastoralbriefe also Anknüpfungspunkt für die Vorstellung von apostolischer Sukzession sein können,[62] spielt andererseits der Apostolat des Paulus und sonstiger Apostelinnen für dieses Konzept keine Rolle, da sie nicht in den Zwölferkreis gehören.[63] Die Idee der «Apostolizität der Kirche» ist damit nicht obsolet, aber es sollte bewusst sein, dass sie als Konzept nicht auf der quellensprachlichen Entfaltung des Apostolats beruht. Dass auch das Kriterium der «Übereinstimmung» mit den Quellen keine objektive Norm für «Apostolizität» gibt, sei der ökumenischen Ausgewogenheit wegen angefügt. Es zeigen ja schon diese Überlegungen, dass die Pastoralbriefe eine Vorstellung von «Normativität» mit Paulus legitimierten, die von der situationsgebundenen Wirkung und adressa-

---

[61] Dass es eine sich auf Paulus beziehende asketische Bewegung im frühen Christentum gab, die allerdings im NT nicht positiv aufgenommen wird (vgl. neben den Pastoralbriefen, bes. 1Tim 4,3, z.B. die Polemik in Kol 2,21), belegen etwa die Akten des Paulus und der Thekla (s. Schneemelcher – Kasser, Paulusakten).

[62] Frey spricht pointiert von einer «successio Paulina» (Apostelbegriff, S.108). Allerdings reicht der Apostelitel auch den Pastoralbriefen nicht, um die Rolle des Paulus zu umreißen, wird er doch abgesehen von den Präskripten nur noch zweimal herangezogen und dabei jeweils ergänzt mit Beschreibungen, die die Verkündigungstätigkeit des Paulus herausstellen: «Herold» (*kēryx*) und Lehrer (*didaskalos*; 1Tim 2,7; 2Tim 1,11). Auch ist das Festhalten an der Lehre des Paulus zentral (vgl. die Konzeption eines anvertrauten Guts [*parathēkē*] des Paulus 1Tim 6,20; 2Tim 1,12.14).

[63] Vgl. auch die Voten einerseits des evangelischen Exegeten Frey, Apostelbegriff, S.186–188, andererseits des katholischen Exegeten Söding: Es sei Aufgabe der Exegese, die «Entmythologisierung der Sukzessionstheologie» zu unterstützen, welche den Eindruck erwecke, «als käme es auf isolierte Akte von Handauflegungen an; gleichzeitig kritisiert sie [die Exegese] eine Historisierung der Sukzessionstheologie, als hinge die Legitimität kirchlicher Ämter an einer faktischen Lückenlosigkeit von Handauflegungen. Entscheidend ist vielmehr der ekklesiale Kontext der *traditio apostolica* und der evangeliale der *successio fidei*, wie er in Christus kraft des Geistes sich ergibt» (Söding, Geist und Amt, S.260).

tenorientierten Theologisierung der uns als authentisch geltenden Paulusbriefe abweicht.

4) Der persönliche Apostolat des Paulus

Die Beobachtungen zum Wortgebrauch bei Paulus haben gezeigt, dass in den authentischen Paulusbriefen mit dem «Apostolat» keine besondere Autorität in Gemeinden verknüpft wird und konkret nicht die Funktion der «Gemeindeleitung», sondern nur die der Gemeindegründung. Die Untersuchung der Metaphorik (Kap. IV) wird dies noch deutlicher zeigen: Wenn Paulus einer Gemeinde Weisungen erteilt, leitet er die Autorität dazu nicht aus seinem «Apostolat» ab, sondern daraus, dass er die Gemeinde begründet hat. Und wenn er sich als «Stellvertreter Christi» präsentiert, dann nicht unter Rekurs auf den Apostolat, sondern mit der Metapher des «Gesandten an Christi Statt» (2Kor 5,20). Die so beliebte Rede von der «apostolischen Autorität» des Paulus ist daher aus meiner Sicht irreführend, weil sie eine Anerkennung des Paulus suggeriert, die in den Briefen erst erarbeitet werden soll.

Von der quellensprachlichen Verwendung her ist die Konzeption des *apostolos* nicht auf eine Institutionalisierung im Amt hin angelegt. Aber das gilt auch für andere Aspekte des paulinischen Wirkens, die nicht unter das Rubrum apostolos fallen (s. Kap. IV). Paulus hat sich offenbar überhaupt nicht um eine Nachfolge seiner Person gekümmert. Zwar sendet er Timotheus, «mein geliebtes und treues Kind im Herrn» (1Kor 4,17), aber nur zur Erinnerung an seine Lehre und nur, solange er selbst nicht anreist (vgl. auch Phil 2,19–24).

Wer das Ende der Zeit so unmittelbar erwartet, der braucht auch keine Nachfolger «aufzubauen» oder sich um institutionelle Verstetigung seiner Funktionen zu kümmern. Und das gilt sogar im Philipperbrief, in dem Paulus teilweise offenbar die Möglichkeit seines Todes voraussetzt (1,21f).[64] Zwar ruft er die Gemeinde hier ungewöhnlicherweise auf zur Orientierung an Christi Vorbild (2,5–11), aber sonst fordert er, ihn selbst als Vorbild in Erinnerung zu halten (3,17; 4,9) und sich untereinander zu stützen (1,27–30; 2,2ff). Es spiegelt sich darin wider, dass Paulus seine Autorität nicht zeitlos und global sah, sondern nur von bestimmten Menschen und im Blick auf sein Evangelium an die nichtjüdischen Menschen anerkannt wissen wollte. Und es lässt durchblicken, dass er sein Wirken so sehr mit seiner besonderen Biographie, Berufung und Begnadung verband, dass es schlechterdings nicht prolongierbar ist.

---

64 Ob der Philipperbrief ein einheitliches Schreiben ist, ist umstritten; vgl. Theobald, Philipperbrief, S. 367.374.

IV «Ich habe euch Christus verlobt» (2Kor 11,2) – die metaphorische Inszenierung der Beziehung

Das Neue Testament ist voller Metaphern. Gott als Vater, Jesus als Sohn Gottes, als Brot des Lebens (Joh 6,35), als Lamm Gottes (Joh 1,29), sein Tod als Opfer (Eph 5,2) oder als Freikauf (Gal 3,13), die Gabe des Geistes als Anzahlung (2Kor 1,22), das Leben der Glaubenden als «vernünftiger Gottesdienst» (Röm 12,1), die Endzeit als Hochzeit (Offb 19,7), die Glaubenden als Kinder Gottes, ihr Leib als Tempel des heiligen Geistes (1Kor 6,19), die Missionare als Salz der Erde (Mt 5,13) – eine Auflistung allein könnte das Kapitel füllen. Manche Metaphern sind durch den kirchlichen Gebrauch so vertraut, dass sie kaum als Sprachbilder wahrgenommen werden. Andere sind fremd geworden, weil wir ihre Lebenswelt nicht mehr teilen. So oder so geht der Sinn für die Deutungsleistung der Metaphern verloren.

Religiöse Sprache ist stets metaphorisch, denn nur so ist in Anknüpfung an die Erfahrungswelt das diese Übersteigende, im Immanenten das Transzendente kommunizierbar.[1] Für die Menschen, die als Erste von Gottes Handeln in Christus erzählen wollten, galt dies umso mehr, wollten sie doch Neues im religiös Vertrauten sagbar machen. Die Prägung alter Worte zu neuen Begriffen, wie *apostolos* oder *euangelion*, vermag die semantischen Lücken allein nicht zu decken, um das, was mit Jesus Christus Wirklichkeit geworden ist, mitteilbar zu machen. Metaphern bieten die Möglichkeit, vom Neuen im Rahmen des Vertrauten zu sprechen. Darum verwendet auch Paulus eine Fülle von Metaphern, um seine Rolle als Apostel und Missionar und vor allem seine Bedeutung für die Gemeinden zu versinnbildlichen.[2] Auch diese Rolle ist etwas Neues, das sich nicht in bekannten Konzepten kommunizieren lässt. Wenige Beispiele mögen die Vielfalt solcher Metaphern zeigen:

Paulus stellt sich in Briefen als Sklave Christi vor (Röm 1,1; Phil 1,1), aber auch als Sklave derer, die er missionieren will (2Kor 4,5).

---

[1] Vgl. zur Unersetzlichkeit von Metaphern, namentlich sog. absoluter, für Philosophie, aber auch Religion und Lebensdeutung beispielhaft Blumenbergs Paradigmen zu einer Metaphorologie.

[2] Das wurde mir unfreiwillig klar, als ich versuchte, für das Buch über «Paulus und seine Kinder» einen knapp gehaltenen Überblick über die «Metaphern zur Beschreibung der Aufgabe des Paulus» zu geben. Der hatte am Ende fast 70 Seiten und sehr viel Zeit «verschlungen». Zu den hier vorausgesetzten Auslegungen vgl. dort detaillierte Exegesen.

Er präsentiert sich und seine Mitmissionare, wie wir sahen, als Amme, die ihre leiblichen Kinder versorgt (1Thess 2,7),[3] aber im gleichen Kontext auch als Vater, der seine Kinder «ermahnt, ermuntert und beschworen hat, damit sie Gottes würdig wandeln» (1Thess 2,11f) – womit nicht bestritten ist, dass Gott Vater aller Glaubenden ist (1Thess 1,1.3 u. ö.). So spricht man auch von Mitchristinnen und -christen als Brüdern und Schwestern (passim).

In Röm 15,16 beschreibt Paulus sich in der Rolle eines Priesters, der Gott die Heiden als Opfer darbringt, in Phil 2,17 hingegen interpretiert er seinen möglichen Tod als Trankopfer.

In 2Kor 10,1–6 kommt er in der Pose des Soldaten Gottes, der die Gemeinde belagert und die Widerstand leistenden Festungen schleifen wird. Wenig später beschreibt er dann, dass er sich auf dem «Eroberungszug» nicht von den Korintherinnen hat besolden lassen, obwohl das siegreiche Heer eigentlich das Recht hätte, die Besiegten auszupressen, sondern andere Gemeinden «geplündert» hat (2Kor 11,8). Derselben Gemeinde schreibt er aber auch – vielleicht sogar im selben Brief[4] –, dass er selbst, von Gott besiegt, «allezeit im Triumphzug umhergeführt wird», wie sonst die Gefangenen, die gezwungen werden, im Triumphzug des Siegers mitzuziehen, um dessen Macht zu demonstrieren (2Kor 2,14). In 2Kor 5,20 hingegen sieht er sich als den Gesandten, der stellvertretend für Christus das Versöhnungsangebot Gottes der Gemeinde in Korinth zu überbringen hat.

Übrigens stellt sich Paulus auch als Sportler dar zur Verdeutlichung seines selbstlosen missionarischen Einsatzes. Er hält notwendige Sportdiäten ein, aber schlägt letztlich nicht den Gegner zusammen, sondern sich selbst ein blaues Auge (9,24–27).[5]

Der Überblick zeigt nicht nur, dass die Metaphern aus den unterschiedlichsten Bereichen der Alltagserfahrung schöpfen und dass sie offenbar nicht ein kohärentes Bild ergeben. Die Beispiele zeigen auch, dass in jeder dieser Metaphern eine kleine Szene oder gar Erzählung steckt: Relationen, oft Dreiecks- oder gar Viereckbeziehungen, werden skizziert, manchmal auch bewegte Szenen. Implizit wird dabei eine Bewertung oder ein Appell transferiert. Denn die Metapher behauptet ohne weitere Begründung, dass sich die

---

3   Vgl. Kap. III 2).
4   Zur Frage der Einheitlichkeit des 2Kor s. oben Kap. II 2).
5   Die Metapher nimmt auf die Sportpraxis Bezug. Allerdings bricht sie die Analogie pointiert, verletzt sich doch Paulus anders als Sportler selbst (*hypopiazo mou to soma*: «ich schlage meinem Körper ein blaues Auge» – in den Übersetzungen meist nicht erkennbar); vgl. Gerber, Paulus, S. 195f. Sportmetaphern finden bei Paulus auch zur Beschreibung des Christenlebens oft Verwendung; vgl. Poplutz, Athlet.

Verhältnisse so darstellen, und insofern zeigt sie nicht nur Ungewohntes, sondern birgt sie in sich oft sogar ein Analogieargument. Wer der Metapher nicht einfach erliegen will, muss ihre Gestaltungskraft erkennen für den Aussagekontext, der im Bild erschaffen und bewertet wird. Diese Beschreibung der Leistung von Metaphern – nicht zufällig selbst mittels Metaphern, namentlich der Personifikation – nimmt auf, was in den letzten Jahrzehnten in vielen Diskursen über die Leistungsfähigkeit und Unersetzlichkeit von Sprachbildern gesagt wurde.[6] Für das Verständnis der Paulusbriefe ist diese Einsicht von großer Bedeutung, denn nur, wenn die Metaphern als solche mit ihrer visuellen Kraft und Deutungsleistung wahrgenommen werden, wird auch die Beziehungsarbeit sichtbar, die Paulus mittels Metaphern in seinen Briefen leistet: Er bildet nicht einfach bestehende Verhältnisse ab, sondern er versucht, diese Verhältnisse durch die Sprache zu schaffen und zu gestalten.

Dieses vierte Kapitel verfolgt daher ein doppeltes Anliegen. Es soll einerseits Aufmerksamkeit für die Fülle der Metaphern wecken und den Weg einer metapherntheoretisch reflektierten Auslegung zeigen, andererseits ihren inhaltlichen Beitrag für die «Beziehungsarbeit» herausstellen. Denn die Fülle von Metaphern und ihre Auswahl und Gestaltung korreliert, so meine These, mit den bisherigen Beobachtungen: Die Beziehung des Paulus zu den von ihm angeschriebenen Gemeinden aufrechtzuerhalten, ist ein zentrales Anliegen, woraus sich der Charakter der brieflichen Überlieferung ergibt (Kap. II). Da aber diese Rolle und eine Autorität in den bestehenden Gemeinden nicht mit dem «Apostolat» gesetzt sind (Kap. III), bedarf es einer eigenen Sprache und Legitimierung. Dies sollen die Metaphern leisten.

Das tun sie allerdings je nach kommunikativem Kontext unterschiedlich. Es gibt kein dominantes Konzept. In der Auslegung wird das ausgeblendet, wenn die Metaphorik mit der «apostolischen Autorität» begründet wird oder etwa gesagt wird, Paulus habe sich als «geistlicher Vater» der Gemeinden verstanden.

Im Sinne des doppelten Anliegens werde ich anhand der Metapher von Paulus als Brautwerber (2Kor 11,2–4) die Auslegung von Metaphern und ihre Aussagekraft verdeutlichen. Weitere Beziehungsmetaphern werden anschließend (und in Kap. V) knapper interpretiert. Beispielhaft mögen sie zeigen, welche Bedeutung die Paulusbriefe der Verbindung beimaßen, wie unterschied-

---

6   Als mittlerweile klassischer Aufweis der Unersetzlichkeit von Metaphern kann Ricœur, Die lebendige Metapher, gelten. In den letzten Jahrzehnten haben kognitivistische Ansätze die Bedeutung von Metaphern auch in der Alltagssprache und für das Denken herausgestellt; vgl. hier, ebenfalls mittlerweile klassisch, Lakoff – Johnson, Metaphors We live by.

lich aber diese Beziehung jeweils interpretiert wird – und dass die Metaphern nicht durch «eigentliche Sprache» ersetzbar sind.

1) Metaphern verstehen am Beispiel von 2Kor 11,2–4

Was ist eine Metapher?[7]
Anders als in der geläufigen Redeweise sind Metaphern nicht einzelne «Worte», sondern Aussagen, d. h. in einem bestimmten Zusammenhang stehende Sätze, in denen zwei Sinnbezirke aufeinander bezogen werden, die nach herkömmlicher Erwartung nichts miteinander zu tun haben. Ein Bildspender wird syntaktisch oder referentiell mit einem Bildempfänger verbunden, so dass der Bildspender nicht mehr im herkömmlichen Sinne verstanden wird und der Bildempfänger anders sichtbar wird.[8] Alles zusammen bildet die Metapher: Bildspender, Bildempfänger und die Übertragung von dem einen auf den anderen.

        Bildspender   Bildempfänger
            → Übertragung

An einer Metapher in 2Kor 11,2–4, mit der Paulus seine militante Strafandrohung von 2Kor 10 befriedet, seien diese Feststellungen verdeutlicht. Paulus leitet mit ihr die sogenannte Narrenrede ein. Er begründet mit der Metapher, dass man auch seine Narretei hinnehmen solle, wie man so manches sich gern bieten lasse (11,1.4), und lässt dabei gleich eine Deutung der gegenseitigen Beziehung durchscheinen:[9]

«Ich eifere werbend um euch mit dem Eifer für Gott. Denn ich habe euch mit einem einzigen Mann verlobt, um euch als reine Jungfrau Christus zu präsentieren» (2Kor 11,2).

---

7   Die Literatur der letzten Jahrzehnte zur Metapherntheorie und auch zur Auslegung biblischer Metaphern scheint «uferlos». Eine Einführung in die Diskussion und Auswertung für die Exegese geben Zimmermann, Geschlechtermetaphorik, S. 35–54; Gerber, Paulus, S. 81–111.

8   Die Begrifflichkeit («Bildspender, Bildempfänger, Bildfeld») geht auf Weinrich, Sprache, zurück, der mit ihr festhielt, dass Metaphern nicht Worte sind. Sie hat sich in der Exegese anstelle der älteren Rede von «Bild» und «Sache» etabliert, weil sie deutlich macht, dass die Teile der Metapher nicht an sich «Bild» oder «Sache» bezeichnen, sondern eine solche Funktion erst innerhalb der Aussage erhalten. (Letzteres geht über Weinrich hinaus, der satzsemantisch ansetzte.)

9   Die Analyse hier setzt viele Detailentscheidungen voraus, die ich in Gerber, Krieg und Hochzeit, dargestellt habe. Vgl. zur Auslegung des Textes auch Zimmermann, Geschlechtermetaphorik, S. 300–325.

Nicht einzelne Worte wie «verloben» sind eine Metapher, auch nicht der Satz als solcher. Dieser ist nur dann eine Metapher, wenn Paulus damit nicht eine junge Frau anspricht, die er einem «normalen» Mann namens Christus verlobt hat. Die Lesenden wissen aus dem Aussagekontext, dass es hier nicht um ein herkömmliches Brautpaar geht. Sie werden so angeregt, die semantische Spannung zu reduzieren, die dadurch entsteht, dass eine ganze Gemeinde in die Rolle der Braut gesteckt wird und als Bräutigam jemand fungiert, der nicht mehr irdisch greifbar ist. Sie verstehen also die Rede von der Verlobung als einen Bildspender, der nur übertragen auf den Bildempfänger zu beziehen ist.

Der Bildspender ist gleich mit mehreren Ausdrücken evoziert: «werben, verloben, Jungfrau, ein einziger Mann», auch «präsentieren» gehören in der Erfahrungswelt der Adressatinnen zum Vorgang der Verlobung. Die Verben machen deutlich, dass auch ein Brautvermittler mit von der Partie ist.

Der Bildempfänger ist in Pronomina und Namen angesprochen, die sich aus dem Kontext füllen lassen: Die Relation von Paulus («ich»), der Gemeinde von Korinth («euch») und «Christus» wird durch den Bildspendebereich strukturiert.

Um die Aussage zu verstehen, muss die semantische Irritation aufgelöst und die Aussage einem Sinn zugeführt werden; es ist «Arbeit an der Metapher»[10], die bei einer «lebendigen Metapher»[11] nie zum Ende kommt. Denn dies ist eine fundamentale Einsicht der modernen Metapherntheorien, dass Metaphern nicht nur rhetorischer Schmuck oder didaktische Einkleidung eines Gedanken sind. «Lebendige Metaphern» bilden nicht ab, was ist, sondern können schöpferisch sein, weil sie neu zu sehen lehren. Sie sind deshalb nicht einfach ersetzbar durch ein passendes Wort, sondern unhintergehbar.[12]

---

10 Vgl. zu dieser im Anschluss an Ricœur gebildeten Metapher vom Metaphernverstehen Gerber, Paulus, S. 100.
11 Der (metaphorische) Ausdruck der «lebendigen Metapher» geht auf Ricœur zurück. Er markiert, dass Metaphern ihre Deutekraft durch ihren Gebrauch verlieren können. «Tot» ist eine Metapher, wenn sie im Lexikon unter den Bedeutungen erscheint und nicht mehr als Metapher wahrgenommen wird.
12 Die auf Aristoteles zurückgeführte Idee, man könne Metaphern durch eigentliche Worte ersetzen, wird als «Substitutionstheorie» heute breit abgelehnt (vgl. Gerber, Paulus, S. 84f). – Damit lässt sich auch der Unterschied von Metapher und Vergleich gut markieren: Ein Vergleich nennt im Unterschied zur Metapher ausdrücklich den Vergleichspunkt, während die metaphorische Übertragung verschiedene Aspekte betreffen kann. 2Kor 11,3 ist ein Vergleich, denn dort wird (mittels intertextueller Bezüge) die Verführbarkeit als Vergleichspunkt zwischen Eva und der Gemeinde in Korinth genannt.

Metaphernauslegung am Beispiel von Brautwerber Paulus (2Kor 11,2f)

Es mag sein, dass die Lesenden sofort begriffen haben, worum es Paulus geht und was sie vom Bildspender auf den Bildempfänger übertragen sollen. Wir jedenfalls müssen, um eine Metapher aus einem uns mehrfach fremden Kontext zu verstehen, die Leistung der Metapher bewusst nachvollziehen.

Die jüngeren Metapherndiskurse haben unter dem Label der «Interaktionstheorie» auf einen für die Auslegung wichtigen Aspekt der Wechselwirkung von Bildempfänger und Bildspender aufmerksam gemacht.[13] Der Bildspender wirkt nicht global, sondern es werden einzelne Aspekte wie Eigenschaften, Wertungen, Strukturen vom Bildspender auf den Bildempfänger übertragen. Was genau bei der «Arbeit an der Metapher» übertragen wird, bestimmt dabei nicht der Bildspender allein, sondern auch der Bildempfänger und damit der Aussagekontext. Denn die Rezipientinnen der Metapher entscheiden im Verstehensprozess (oft unbewusst), was vom Bildspender sinnvoll zu übertragen ist.

Für die Exegese einer Metapher sind daher mehrere Aspekte zentral, der Bildspendebereich (1), die Tradition des sogenannten Bildfeldes (2) und der Aussagekontext, namentlich der Bildempfänger (3). In der Exegese wird der Tradition der Metaphorik sehr viel Aufmerksamkeit geschenkt, vor allem der Frage, wo ein entsprechender Bildspendebereich schon Verwendung fand. Das ist nicht irrelevant, aber oft überschätzt für die Frage, was in der *konkreten* Aussage tatsächlich vom Bildspender auf den Bildempfänger so übertragen werden soll, dass der Bildempfänger neu sichtbar wird. Wichtig(er) für die Deutung scheinen mir vor allem der Bildempfänger und der Aussagekontext.

Wir gehen den drei Fragen am Beispiel nach.

(1) Der Bildspendebereich der Metapher nimmt Bezug auf das Alltagswissen über Verlobungen, das wir aus uns überkommenen Quellen recherchieren können.[14] In der Paulusexegese wird zuweilen gestritten, ob es eher um den jüdischen oder den griechisch-römischen Kontext geht. Doch meist sind die Aspekte des Bildspendebereichs gar nicht kulturell differenziert, sondern das, was angesprochen wird, so allgemein, dass die Metapher «interkulturell» verständlich ist.[15] Allerdings ist stets zu beachten, dass heute mit

---

13 Die Interaktionstheorie wurde durch Arbeiten von I.A. Richards, Max Black und Lakoff und Johnson angeregt, vgl. Gerber, Paulus, S. 88–92.
14 Zu Details s. Zimmermann, Geschlechtermetaphorik, S. 234ff.303–306.
15 Das weist z.B. Böttrich, Ihr seid der Tempel Gottes, in Bezug auf die in 1Kor 3,17f. begegnende Tempelmetapher nach. Hier kann an jeden Tempel gedacht werden, nicht nur den

einem Bildspender verbundene Vorstellungen in der Antike nicht gegolten haben müssen[16].

Im Textbeispiel etwa signalisiert die konkrete Aussage selbst, was aus dem Ensemble möglicher mit Verlobung verbundener Assoziationen relevant ist. Von Freude, Liebe, dem anstehenden Fest oder möglichen Geschenken ist keine Rede. Wissen aber muss man, dass eine Verlobung bereits rechtsverbindlich war, und angesprochen wird auch die «Jungfräulichkeit» der Braut. Als solche kam nur eine Frau infrage, die sexuell noch nicht verkehrt hatte. Für den Mann wird das nicht betont, entsprechend der in der Antike asymmetrischen Sexualethik. Mit der Verlobung wird eine Zeitspanne markiert bis zur Hochzeit, in der die «Reinheit» der Braut unbedingt bewahrt bleiben muss (auch vor möglicher Vergewaltigung). Sonst scheitert die Hochzeit, und die Braut ist nicht mehr vermittelbar.

Die Formulierung in 2Kor 11,2 stellt die Rollen des Bildspendebereichs «Eheanbahnung» nicht neutral dar, sondern im Interesse der Aussage: Die Braut hat keine aktive Rolle; sie ist nicht einmal grammatisch Subjekt, und dasselbe gilt auch für den Bräutigam. Aktiv ist «ich», Paulus, der sich die Rolle eines Brautwerbers und Ehestifters zuschreibt. Spielt ein Brautvermittler in der antiken Eheanbahnung keine besondere Rolle, so ist er hier offenbar umso wichtiger. Das unterstreichen auch die einleitenden Wörter, die mit der Doppelbedeutung von *zeloun* (eifern, werben) spielen: Er eifert wie der «eifersüchtige Gott» (Ex 20,5), und er wirbt.

Der Bildspender bietet also zunächst Platz für drei Rollen: der Braut, des Bräutigams und des Brautvermittlers. Er weist auf deren Beziehung zueinander und markiert eine zeitliche Spanne: Die Verlobung liegt in der Vergangenheit, die anvisierte Hochzeit in der Zukunft. Im Blick ist aber die Gegenwart, in der es gilt, die Reinheit der Braut zu bewahren.

(2) Die Vorstellung der zukünftigen Ehe zwischen Christus und der Gemeinde von Korinth greift die biblische Tradition von der Ehe Gottes mit Israel auf.[17] Die Exegese spricht von einem «Bildfeld», wenn immer wieder

---

Jerusalemer. Die Metapher vermittelt also nicht eine Abwertung des jüdischen Tempelkultes, wie dies Auslegungen oft unterstellen.

16 Das wird dann oft übersehen, wenn uns die Metaphern unmittelbar verständlich scheinen, da wir die Bildspender auch in der Gegenwart kennen und mit Assoziationen und Werten belegen. Problematisch ist dies etwa bei der Gott-Vater-Metapher, die im antiken Kontext zunächst unbedingte Autorität, nicht etwa Liebe verdeutlichen konnte (vgl. Gerber, «Gott Vater»).

17 Vgl. Hos 1–3; Jer 2f; Ez 16; 23; s. Zimmermann, Geschlechtermetaphorik, S. 104–152.

dieselben Bildspender und Bildempfänger liiert werden.[18] Hier ist also das
«Bildfeld» die Applikation der Relation zwischen Eheleuten bzw. Verlobten auf die Beziehung von Gott zum Volk Israel resp. Christus zur Gemeinde in Korinth.[19] Mit der Tradition der prophetischen Ehemetaphorik fest verbunden ist das Motiv der Untreue, das auch hier anklingt: Die Ehe ist bedroht durch die Untreue der Frau. Vorausgesetzt ist das asymmetrische Eheverständnis der Antike, wonach die Ehefrau dem Ehemann untergeordnet war und ihr, anders als dem Mann, jede andere Sexualbeziehung untersagt war. In der prophetischen Tradition symbolisiert die Untreue der Ehefrau die Abkehr von der Bindung an JHWH, also Götzenkult.[20]

Wenn die Leserinnen in Korinth diese Tradition kennen, dann verstehen sie, dass sie aus der Sicht des Paulus zwar noch nicht in Untreue gefallen sind, aber in Gefahr stehen. Neu gegenüber der Tradition ist freilich die Rolle des Paulus als «Brautwerber» und die christologische Rezeption des Ehemotivs. Christus nimmt hier die Rolle Gottes ein, wenn auch prospektiv, ist er doch noch nicht Ehegatte, sondern Verlobter.

(3) Der Aussagekontext ist zunächst im Kontext in 2Kor 11,1–4 greifbar, etwa in den Worten, die den Bildempfänger markieren, sowie in den die Metapher rahmenden Sätzen. Der Bildempfänger ist aber in diesem Fall nicht nur das, was verbalisiert wird, denn die Metapher spricht ja von der auch außertextlich präsenten Beziehung des Paulus zu den Adressaten in Korinth. Diese Beziehung wird von der metaphorischen Aussage auf eine ganz bestimmte Weise vergegenwärtigt und so auch interpretiert. Uns allerdings ist diese Beziehung trotz engagierter Lektüre des «fremden Briefes» nur so vor Augen, wie wir sie im Brief finden; die Adressatinnen des Briefes mögen mehr vernommen haben. Dies bleibt bei der Auslegung zu gewärtigen.

Die Verlobungsszene von 2Kor 11,2 wird noch ausgemalt durch eine weitere Anspielung in V. 3f. «Ich fürchte aber, dass so, wie die Schlange Eva betrog in ihrer List, euer Denken zerstört (geschändet) wird, weg von der Aufrichtigkeit und Reinheit auf Christus hin. Wenn nämlich der, der kommt, einen anderen Jesus verkündigt, den wir nicht verkündigt haben, oder ihr

---

18 Die kognitivistische Metapherntheorie spricht analog von «Konzeptmetaphern», um deutlich zu machen, dass einzelne Metaphern Ausdruck eines Denkschemas sind, etwa die Aussage «mir läuft die Zeit davon» der Konzeptmetapher «Zeit ist eine flinke Person» entspringt.
19 Vgl. zum Bildfeld insgesamt Zimmermann, Geschlechtermetaphorik. In der christlichen Ikonographie hat das Bild von der Kirche als Braut Christi (vgl. Eph 5,22ff) breite Wirkung entfaltet.
20 Bereits die Rede vom Eifer in 11,2 spielt auf den «eifernden Gott» und die Exklusivität der Gottesbeziehung Israels an, vgl. Ex 20,5 u. ö.

einen anderen Geist empfangt, den ihr nicht empfangen hattet, oder ein anderes Evangelium, das ihr nicht angenommen hattet, dann haltet ihr das schön aus.»

Die Dreiecksszene wird also erweitert um eine vierte Rolle, den Gefährder. Er vertieft das Thema der bedrohten Reinheit der Braut, das auch im Bildfeld, der Tradition von der Untreue Israels, assoziiert ist. Der Vergleich mit der Paradieserzählung spielt auf die Verführbarkeit der Frau an; sogar eine Gewalttat an der Braut wird denkbar, da das Verb *phtharein* («schänden») auch das bedeuten kann.

Die Leserinnen können diejenigen, auf die 11,4 anspielt, wohl identifizieren. Es sind Leute, die von außen kommen, nicht aus der Gemeinde. Jedenfalls werden sie stark bewertet: Ein anderer Jesus, ein anderer Geist, ein anderes Evangelium führen ab von der Reinheit der Gedanken auf Christus hin. Es ist möglich, dass man in Korinth hier gar kein «Problembewusstsein» hatte. Warum soll die durch Paulus gestiftete Beziehung der Gemeinde zu Christus nicht durch die Verkündigung anderer Missionare vertieft werden? Die Metapher widerspricht vehement.

Zwei Parteien stehen sich nach dieser Szenographie gegenüber: Auf der einen Seite mit Gott (V. 2) und Christus (V. 3) Paulus, der die Gemeinde Christus verlobt hat und sich nun darum bemüht, dass sie diese Verlobung nicht bricht. Auf der anderen Seite steht, in der «Schlange» angedeutet, ein von außen Kommender, der eine andere Verkündigung bringt. In der Mitte dazwischen stehen die Angesprochenen, noch rein, aber verführbar wie die alte Eva, da sie sich, wie der Rahmen der Szene betont, alles andere gern bieten lassen (V. 1.4). Was damit auf dem Spiel steht, muss nicht mehr ausgesprochen werden. Es ist aus der Paradiesgeschichte bestens bekannt.

Die Wirkung von Metaphern[21]

Metaphern können sehr unterschiedliche Wirkungen entfalten, auch gleichzeitig. Gelungene Metaphern tun dies oft, ohne dass es uns bewusst wird, aber für die Auslegung ist es wichtig, diese Wirkung zu erheben. Eine Metapher kann besonders geeignet sein, um zu appellieren, weil sie eine neue Perspektive ermöglicht. Sie kann eine semantische Lücke so erfolgreich füllen, dass sie als Metapher nicht mehr wahrgenommen wird. Unter den paulinischen Metaphern wirkte so die Rede von der «Gemeindegründung» (1Kor 3,10f), die ursprünglich aus dem Bereich des Bauwesens kam, aber heute als «eigentliche Sprache» gebraucht wird.

---

[21] Vgl. Gerber, Paulus, S. 100–103.

Metaphern strukturieren Wirklichkeit und können dabei eine «entdeckerische», heuristische Funktion haben. Von Abstrakta wie der Zeit kann man nur metaphorisch sprechen, etwa indem man sie als kostbare Flüssigkeit, die «verrinnt», konzipiert. In der Wissenschaftsgeschichte war es oft produktiv, Konzepte von einem erforschten Bereich auf einen neuen zu übertragen; so arbeitete die frühe Soziologie mit der Vorstellung, die Gesellschaft funktioniere wie ein biologischer Organismus.[22] Der strukturierende Charakter wird oft nicht wahrgenommen, und dann wird übersehen, dass Metaphern in nuce als Analogieargumente fungieren, da sie voraussetzen, dass Bildspender und Bildempfänger sich analog verhalten. In der Gegenwart beispielsweise sehr beliebt, wenn auch wohl selten bewusst wahrgenommen, sind Metaphern, in denen mentale Vorgänge in Analogie zur Computertechnik dargestellt werden. So sind Aussagen wie, man müsse «sich erst einmal herunterfahren», oder man sei miteinander nicht «kompatibel», die Behauptung, die «Festplatte sei voll», weshalb man nicht mehr lernen könne, nicht nur anschauliche Beschreibungen von abstrakten Vorgängen. Es sind Argumente, die auf der (meist als Entlastung herangezogenen, aber keinesfalls erwiesenen) Behauptung beruhen, man funktioniere wie ein Computer.

Für die im Mittelpunkt dieser Studie stehenden Metaphern finde ich den Vergleich mit Erzählungen sehr produktiv.[23] Er kann verdeutlichen, welche schöpferische Kraft in Metaphern steckt. Die Narratologie hat herausgearbeitet, dass eine Erzählung nicht nur von der Story, der Geschichte lebt, die sie erzählt, sondern auch von der Art und Weise, wie diese Story erzählt wird.[24] So ist es auch bei Metaphern, deren Macht darin liegt, die Wirklichkeit nicht einfach abzubilden, sondern in einem Bildspender so in Szene zu setzen, dass zugleich andere mögliche Auffassungen der Wirklichkeit überblendet werden.

Das sei abschließend am Beispiel verdeutlicht, denn auch Paulus berichtet nicht, sondern er erzählt, nämlich wertend. Was so gedeutet wird, können wir nur indirekt erschließen: Die «Verlobung mit Christus» spielt wohl auf die Gemeindegründung durch Paulus an; in der Gegenwart sind andere Missionare vor Ort. Paulus bewertet seine Gemeindegründung als Eheanbahnung, als Stiftung der Beziehung von Gemeinde und Christus. Damit ist zweierlei impliziert: Dies ist nur der erste Schritt zur bleibenden Beziehung, so dass Paulus weiterhin wichtig ist für die Gemeinde. Und außerdem muss die von

---

22 Zu theoriekreativen Metaphern vgl. Pielenz, Argumentation, S. 76–81.
23 Der implizit narrative Charakter von Metaphern spiegelt sich in der Tatsache, dass Gleichnisse als narrative Metaphern verstanden werden können; vgl. etwa Weder, Gleichnisse Jesu.
24 Vgl. Martinez/Scheffel, Einführung in die Erzähltheorie.

Paulus gestiftete Beziehung exklusiv sein wie die Ehebeziehung für die Frau. Die Gemeinde wird als labil und verletzlich charakterisiert. Das rechtfertigt den Eifer des Paulus um diese: Paulus steht über der Gemeinde, aber sein Anspruch ist nur zu ihrem Wohle. Die «anderen» werden durch die Erinnerung an die Schlange im Paradies als diabolische Eindringlinge in die monogame Christusbeziehung stilisiert.

In der brieflichen Kommunikation skizziert Paulus mit 2Kor 11,2–4 nicht nur eine pointierte Sicht der Dinge, trägt er nicht nur neue Farben auf. Sondern er übermalt zugleich bestehende Verhältnisse und Zusammenhänge, platziert Personen, in der Rolle des Helfers einerseits, als Eindringlinge andererseits; er wertet und appelliert implizit. Doch wer sagt, dass die anderen wirklich als «Gegner des Paulus» auftraten und eine alternative Botschaft brachten, wie die Auslegung meist auf den Spuren der Metaphorik ausmalt?[25] Denkbar wäre ebenso, dass andere Missionare nach Korinth kamen mit dem Anspruch, die Verkündigung des Paulus zu vertiefen oder weitere Menschen kraft ihrer Begabung anzusprechen. Die Metapher begründet gegen solcherart Auffassungen eine exklusive und hierarchische Rolle des Paulus in der Gemeinde.

Mit einem so geschärften Blick für Metaphern und ihre Wirkung betrachten wir weitere Texte, in denen Paulus seine Beziehung zu einer Gemeinde metaphorisch gestaltet.

2) Paulus in Wehen (Gal 4,19) und andere Familiengeschichten

Die Verbindung zur Gemeinde scheint auch im Galaterbrief bedroht durch andere Missionare. Diese weichen allerdings inhaltlich erkennbar vom paulinischen Evangelium ab. Sie sind offenbar nach Paulus in die von ihm missionierten Gegenden gekommen und plädieren anders als dieser dafür, dass die Männer sich beschneiden lassen.[26] Paulus argumentiert dagegen einerseits, indem er auf die Anerkennung seiner beschneidungsfreien Völkermission verweist (Gal 1f), andererseits mit der Schrift, aus der nach seiner Interpretation zu entnehmen ist, dass alle auf Christus Getauften zu den Kindern Gottes und Nachkommen Abrahams gehören, auch wenn sie nicht beschnitten sind (3,6–29). Das ist deshalb wichtig, weil die Beschneidungsforderung sich auf das Gebot Gottes an Abraham berufen konnte, dass nach der Schrift unter den Männern nur Beschnittene zum mit Abraham geschlossenen Gottesbund gehören (Gen 17).

---
25 Vgl. z. B. Gräßer, Der zweite Brief Bd. 2, S. 122–128.
26 Zu den Einleitungsfragen vgl. Frey, Galaterbrief, zur Alternativmission a.a.O., S. 207–209.

Dann aber wechselt Paulus doch auf die Beziehungsebene (4,12–20), und das sticht besonders hervor, da der Brief mit Topoi der Beziehungspflege sonst sparsam ist.[27] Wenn der Verfasser nicht vor Ort sein kann wie die anderen Missionare (4,17.20), so muss der Brief die gegenseitige Beziehung in Erinnerung rufen. Paulus erinnert, dass man ihn wie einen Engel Gottes aufgenommen habe und bereit gewesen sei, sein Augenlicht für ihn zu opfern, als er einer körperlichen Schwäche wegen bei ihnen blieb und das Evangelium verkündigte (4,13–15). Die, die sich jetzt um die Gemeinde bemühen, täten das nicht im guten Sinne, sondern eigentlich, um selbst umworben zu werden. Umworben zu werden, könnte ihm auch gefallen, nicht nur, wenn er vor Ort wäre (4,16f). Und dann beschreibt er seine Bemühung um die Gemeinde: «*Meine Kinder, mit denen ich wiederum in Wehen liege, bis Christus in euch Gestalt gewinnt.*» Mit wenigen Strichen, nicht einmal einem ganzen Satz, ruft er eine Szene wach: Die letzte Phase einer Schwangerschaft, die Gebärende in Wehen, die ihre Kinder schon anredet, aber zugleich noch erwartet.

Zwar ist uns der Bildspender Wehen, Geburt geläufig in Metaphern,[28] aber die Beschreibung der Beziehung durch ein Geburtsbild ist originär. Dennoch wird die Metapher oft – kurios angesichts des Bildspenders – einem angeblichen Selbstverständnis des Paulus, «geistlicher Vater» der Gemeinden zu sein, subsumiert, das sich in mehreren Bildern niedergeschlagen habe.[29] Auffallend ist tatsächlich, dass die Eltern-Kind-Metapher mehrfach, aber nur in Briefen begegnet, die an von Paulus gegründete Gemeinden gerichtet sind.[30] «Geistliche Vaterschaft» scheint ein plausibles Konzept, ist es doch als Beschreibung geistlicher Autorität in der katholischen Kirche vertraut.[31] Die Metaphern der Paulusbriefe werden durch das Konzept jedoch nicht hin-

---

27 Vgl. Gerber, Paulus, S. 440f. Auffallend ist, dass nicht nur die Danksagung, sondern auch die am Briefschluss typischen Grüße fehlen.
28 Vgl. Mk 13,8; 1Thess 5,3 von den «Wehen der Endzeit»; Ps 48,7; Jes 13,8; Jer 4,31; 22,23, wo die Frau in Wehen Angst und Todesbedrohung abbildet; Joh 3,5 von der Geburt von oben bzw. von Neuem zum geistlichen Leben (vgl. Jak 1,18).
29 Für die Annahme, dass Paulus sich als «geistlicher Vater» verstanden habe, werden in der Regel neben Gal 4,19 auch 1Thess 2,7.11f; 1Kor 4,14; 2Kor 6,13; 12,14 angeführt. Entfaltet hat dieses Konzept besonders Gutierrez, La paternité spirituelle.
30 So erscheint die Metaphorik in Briefen nach Thessalonich, Korinth und Galatien. Auffallend ist, dass sie im Philipperbrief fehlt. Das entspricht m. E. dem weniger autoritativen Stil des Briefes. Der erklärt sich aus dem besonders freundschaftlichen Verhältnis zur dortigen Gemeinde, aber auch der Abfassungssituation: Paulus rechnet mit seinem Tod.
31 Vgl. die kaum noch «lebendige» Metapher der Anrede des Papstes als «Heiliger Vater» oder die Bezeichnung «Abt» (vom Semitischen *ab*, Vater).

länglich erklärt, denn diese heben auf unterschiedliche Momente der Eltern-Kind-Beziehung ab.[32] Das sei kurz verdeutlicht.

Familienmetaphorik im 1. Thessalonicherbrief

In 1Thess 2,7–9.12 beschreiben sich die Missionare, wie wir sahen, als Amme, die ihre leiblichen Kinder ernährt, und auch als Vater, der seine Kinder mahnt zu einem gottwürdigen Leben. Es geht um zweierlei: Die Amme versorgt leibliche und nichtleibliche Kinder. Für die Nährung letzterer lässt sie sich zahlen, um ihre eigenen Kinder unentgeltlich zu versorgen. Der Unterhaltsverzicht wird so interpretiert als Zeichen der besonderen Verbindung.[33] Die Vatermetapher hingegen nimmt Bezug auf die Rolle, die der Vater besonders in der jüdischen Tradition bei der religiösen Unterweisung der Kinder hatte. Die Missionare haben «jeden einzelnen wie ein Vater sein Kind ermahnt [...], damit ihr würdig Gottes wandelt, der euch berufen hat in sein Königreich und zu seiner Ehre» (2,11f).[34]

Man kann diese Bilder als Teil eines Gewebes von Familienmetaphern des Briefes deuten.[35] Auch Gott wird mehrfach als Vater tituliert (1,1.3; 3,11.13). Besonders häufig dient in diesem Brief auch die Geschwisteranrede (1,4; 2.1.9.14 u. s. f.) zur Beziehungsbeschreibung. Sie überträgt die genealogische Verwandtschaft unter Geschwistern auf die Relation der Gemeindeglieder zu den Missionaren und der Gemeindeglieder untereinander. Auch für diese Beziehung unter, wie wir heute sagen würden, «Mitchristinnen» gab es keine herkömmliche Bezeichnung, und der Bereich der Familienbeziehung bot sich wegen seiner positiven Werte offenbar an. Die Geschwisterbeziehung galt in der Antike als besonders enges Band und war dementsprechend mit der Erwartung von Loyalität verbunden, wenn auch nicht, wie heute oft unterstellt, immer egalitär.[36]

---

32 Vgl. Gerber, Paulus, S. 205–215.249ff, zur Unterscheidung der Funktion der verschiedenen Eltern-Kind-Metaphern, die nicht einfach Ausdruck eines «Selbstverständnisses» sind.
33 Vgl. Kap. III 2); eine analoge Argumentation mit dem Eltern-Kind-Verhältnis begegnet in 2Kor 12,14.
34 Vgl. Gerber, Paulus, S. 294ff.
35 Neben den hier genannten Metaphern ist auch die Beschreibung der schmerzhaften Trennung als «verwaist von euch» (2,17) eine Interpretation der Beziehung durch die Eltern-Kind-Relation. Man kann die Metapher auf zwei Weisen verstehen: Entweder vertauscht sie die Rollen, so dass die Missionare nun Waisenkinder sind, oder sie bezeichnet die Eltern, die ihr Kind verloren, als Waisen. So spricht man heute mangels eines einschlägigen Wortes von «verwaisten Eltern».
36 Vgl. zur Geschwistermetaphorik, die im Judentum bereits verwendet wird, Gerber, Paulus, S. 344–349.

Die Fiktion einer neuen Familie mag eine sozialkompensatorische Funktion gehabt haben.[37] Bekehrungen, Religionswechsel führen noch heute oft zu Verlust der Familienbeziehungen, denn wer sich von den «Götzen abgekehrt hat» und «dem wahren und lebendigen Gott dient» (1,9), kann nicht mehr an den Familien- und Sozialleben fundierenden Kulten teilnehmen.[38] Die Bedrängnisse, auf die der Brief anspielt (1,6; 3,3.7), können gerade im Verlust familiärer Geborgenheit begründet sein. Dann ist es umso wichtiger, dass die Gemeindeglieder untereinander wie Geschwister solidarisch sind, wie es im Brief auch unterstrichen wird: «Über Geschwisterliebe (*philadelphia*) habt ihr nicht nötig, dass euch geschrieben wird, denn ihr seid ja selbst von Gott gelehrt, einander zu lieben, und ihr tut eben dies auch gegenüber allen Geschwistern in ganz Makedonien [...]» (4,9f). Wenn hier im Sinne einer *captatio benevolentiae* lobend gesagt wird, was die Adressierten schon wissen, so nehmen ansonsten die Missionare im Schreiben selbst, wiewohl auch Geschwister, die Rolle der religiösen Autorität in Anspruch, die wie ein jüdischer Vater die notwendigen Unterweisungen geben kann.

Elternschaft und Bekehrung (1Kor 4,14f und Phlm 10)

Die Eltern-Kind-Metapher 1Kor 4,14f hat eine andere Funktion, die in Kap. V 2) im Ensemble weiterer Metaphern analysiert werden wird. Wenn Paulus dort reklamiert, dass er die Gemeinde «gezeugt hat», so interpretiert dies seine Erstmission in Korinth als Grund für einen exklusiven Autoritätsanspruch. Ähnliches gilt, wenn Paulus im Brief an Philemon diesen um seinen Sklaven bittet. Ein Sklave ist Besitz seines Herrn, doch Paulus schreibt: «Ich bitte dich um mein Kind, Onesimus, den ich geboren habe in der Gefangenschaft» (Phlm 10).[39] So interpretiert Paulus offenbar die Tatsache, dass er Onesimus zum christlichen Glauben bekehrt hat, als der ihn im Gefängnis aufsuchte. Paulus beschreibt die damit entstandene Beziehung metaphorisch

---

37 Vgl. zu diesem Aspekt ausführlicher Gerber, Paulus, S. 338–343; dort auch Genaueres zur kompensatorischen Funktion der Familienfiktion sowie Parallelen aus frühjüdischen Texten; vgl. auch Wolter, Paulus, S. 295–299, zur ekklesiologischen Funktion der stets binären Familienmetaphern.
38 Auf diesen Aspekt hat Sandnes durch einen kulturübergreifenden Vergleich aufmerksam gemacht. Dieser kompensatorische Aspekt kann auch die Familienmetaphorik in den Evangelien erklären, auch wenn es dort nicht um einen Religionswechsel geht (vgl. vor allem Mk 3,31–35; 10,29f).
39 Das Verb *gennān* kann «gebären» und «zeugen» bezeichnen. Das Griechische kann die Vorstellung offen lassen. Hier ist die Geburtsvorstellung herangezogen, weil sie den Beginn des neuen Lebens markiert und zu dem Hinweis auf das Innerste (*splanchna*) in V. 12 passt.

als Elternschaft, um sich ein implizites Analogieargument bereitzustellen: Es legitimiert die Bitte, dass Philemon den Onesimus nun nicht mehr als Sklaven, sondern als «Bruder» sieht (V. 16) und ihn Paulus als Unterstützung zur Verfügung stellen möge (V. 13).[40]

Auch die Gemeinden in Galatien hat Paulus selbst missioniert. Hier allerdings spricht er nicht einfach von Geburt oder Erzeugung, und das offenbar mit guten Gründen. Kehren wir also zurück zu Gal 4,19.

Wiederholte Gebärarbeit: Gal 4,19 im Kontext des Galaterbriefes

Auch im Galaterbrief wird eine Eltern-Kind-Beziehung zu den Adressaten beansprucht, werden sie doch als «meine Kinder» angeredet. Das ist durchaus herzlich zu hören, waren sie doch zuvor als «dämliche Galater» tituliert worden (3,1). Das Gebärbild entfaltet nun aber diese Beziehung zugleich als «pränatal» und macht damit aus den Kindern Embryonen. Ein präziserer Blick auf den Bildspender und Bildempfänger zeigt die Konturen dieser Beziehungsgeschichte.

Bildempfänger ist die Beziehung zwischen Paulus und den Adressierten angesichts anderer Missionarinnen, die eine Beschneidung der nichtjüdischen Glaubenden anraten, während Paulus der Überzeugung ist, dass sie bereits im neuen Glauben angekommen sind. Einen Begriff dafür gibt es noch nicht, also spricht Paulus es ihnen mittels verschiedener Metaphern zu: Sie haben den Geist empfangen (3,2), zählen bereits zu Abrahams Nachkommen (3,29), sind erbberechtigte Kinder Gottes (4,7) aufgrund der von Paulus erfolgten Missionsbotschaft. «Ihr lieft so schön! Wer hat euch behindert, der Wahrheit zu gehorchen?», wird er später ausrufen (5,7).

Der Bildspender Geburt wird nur durch das Stichwort «in den Wehen liegen» (*odinein*) evoziert. Es spricht die Gebärende, die aktives Subjekt ist, während die Angesprochenen als Objekt erscheinen. Ein Vater kommt nicht vor.[41] In den Deutungen wird oft kurzgeschlossen, dass die Wehen Schmerzen beschreiben, Paulus also seine um der Adressierten willen erlittenen Qualen bebildert. Doch der Bildempfänger hebt diesen möglichen Aspekt des Bildspenders nicht hervor. Durch den Finalsatz wird vielmehr deutlich, dass die Wehenaktivität eine zielgerichtete Arbeit in einer absehbaren Zeitspanne beschreibt. Als Ziel wird aber nicht wie etwa in Joh 16,21 die glückliche Geburt genannt, sondern «dass Christus gestaltet wird in euch» (Gal 4,19).

---

40 Zur Interpretation vgl. Gerber, Paulus, S. 208; Ebner, Philemonbrief.
41 Die stehende Metapher von Gott als Vater ist freilich im Hintergrund präsent, vgl. 1,1.3.4 und besonders 4,6.

Hinter der Formulierung mag die antike Vorstellung stehen, dass die Schwangerschaft als Zeit der Reifung des Ungeborenen zugleich auch dessen Formung bedeutet. «Christusförmigkeit» ist selbst kein Aspekt des Bildspenders, sondern nimmt die Argumentation des Briefes auf: Christus ist der eine Nachkomme Abrahams, dem die Verheißung galt (3,16). Indem die auf Christus Getauften «Christus angezogen haben» (3,27), partizipieren sie an dieser Verheißung. «Alle seid ihr ein einziger in Christus Jesus. Wenn ihr aber Christus gehört, dann seid ihr Nachkommenschaft Abrahams» (3,28f). Christus erschließt ihnen also die Zugehörigkeit zur Nachkommenschaft Abrahams und damit die Teilhabe an dem Abraham verheißenen «Erbe» ohne Beschneidung.[42] «Christus» steht damit für die neue Identität der Glaubenden, und die zeichnet sich gerade darin aus, dass hier zwischen jüdischen und nichtjüdischen Menschen nicht mehr unterschieden wird (3,28). Wer eine Beschneidung der Nichtjuden fordert, negiert die bereits in der Taufe und Geistgabe gegebene neue Identität. «Siehe, ich, Paulus, sage euch: Wenn ihr euch beschneiden lasst, wird euch Christus nichts mehr nützen!» (5,2)[43]

Spitzfindig und kritisch wird die Metapher dadurch, dass den Adressatinnen diese Christusförmigkeit für die Gegenwart abgesprochen wird, und vor allem durch ein Wort, das den Bildspender Gebärarbeit «sprengt»: «Wiederum» (*palin*), zum wiederholten Mal liegt Paulus in den Wehen. Eine wiederholte Geburt ist im Sinne des Bildspenders unmöglich (vgl. Joh 3,4) und eigentlich unnötig. Die Spannung in der Aussage ist evident und kann nur gelöst werden, indem man den Widersinn als Wertung der Situation versteht: Die Arbeit, die Paulus mit dem Brief und seiner Bemühung um die Gemeinde leistet, ist eine Wiederholung dessen, was eigentlich schon geschafft war. Die Angeschriebenen waren bereits «einer in Christus», aber nun sind sie regressiv, kehren in ein pränatales Stadium zurück und zwingen Paulus zur eigentlich unnötigen Wiederholung der Gebärarbeit.

---

42 Vgl. auch die Formulierungen, die Christus als Subjekt des erneuerten Menschen vorstellen: «In mir lebt Christus» (2,20); der von Gott in die Herzen gesandte Geist des Sohnes lässt die Glaubenden Gott als Vater anrufen (4,6).

43 Die «New Perspective on Paul» (s. Kap. I) hat das Verständnis des Galaterbriefs erheblich verändert. Paulus kritisiert nicht das jüdische Gesetz als solches, auch nicht die Beschneidung von Juden, sondern die Einführung der Beschneidung von Nichtjuden. Denn diese würde die aufgehobenen Grenzziehungen wieder relevant machen. Vgl. pointiert Kahl, Brief.

Familienbande

Ist hier die theologische Pointe nacherzählt, so soll ein letzter Blick der Beziehungsseite der Aussage gelten. Die Metapher beschreibt diese Beziehung als hierarchische, denn die Gemeinde erscheint als embryonal und damit abhängig von Paulus. Der Sprechakt manifestiert dieses Gefälle, denn der Autor beansprucht für sich, bewerten zu können, wie es um die Adressaten steht. Ist es ein Verzicht auf Autorität, dass Paulus hier in einem postmodern anmutenden *cross gender* die dem Vater untergeordnete Mutterrolle einnimmt? Der Gedanke, dass Paulus so ernst macht damit, dass es «weder Männliches noch Weibliches» gibt (3,28), indem er sich in der weiblichen Rolle imaginiert, hat Charme. Freilich ist zu beachten, dass er hier wie in der Ammenmetapher in 1Thess 2,7 sich nie direkt als «Mutter» bezeichnet und in diesen «Erzählungen» alle der Mutter übergeordneten Figuren, der Haushaltsvorstand oder Vater, fehlen. Nur die hierarchische Relation zu den Kindern wird im Bild erfasst.

Die Metapher birgt jedoch auch ein Beziehungsangebot, als Rückseite der «gebärmütterlichen» Vereinnahmung. Paulus beschreibt, dass er die Adressatinnen nicht fallen lässt, sondern sich weiterhin um sie bemüht. Und er schreibt sich das Vermögen zu, diese Geburt vollbringen zu können.

Das Motiv der Geburt nimmt schließlich auf eine weitere Sinnlinie des Briefes Bezug. Genealogien spielen im Kontext eine zentrale Rolle, wenn es darum geht, die Zugehörigkeit zu Gott und die Teilhabe am Heil zu beschreiben. Die Metaphern von Abrahams Nachkommen (3,7.16.29; 4,21–31), von den Kindern Gottes (3,26; 4,6f) spielen darauf an, dass die Zugehörigkeit zum Volk Gottes in der jüdischen Tradition durch Verwandtschaft konzipiert ist. Paulus geht es darum, dass diese Zugehörigkeit nun durch die Partizipation an Christus und die Geistgabe auch nichtjüdischen Menschen eröffnet ist (3,14.29; 4,6f). Das lässt sich nicht empirisch beweisen, aber es lässt sich leben,[44] wenn es geglaubt wird. In der Geschichte von dem Juden Paulus, der nichtjüdische Kinder gebiert, die die Gestalt des Gottessohnes Christus annehmen und damit in die Genealogie des Gottesvolkes gelangen, obwohl sie nicht beschnitten sind, fallen daher Beziehungsdimension und Theologie zusammen. Denn die intime Beziehung verdeutlicht die theologische Botschaft, dass «nicht mehr Jude noch Griechin ist» (3,28).

---

44 Vgl. positiv 4,12 und negativ das Beispiel des Petrus, der die Tischgemeinschaft verlässt (2,11ff).

3) Paulus als Botschafter der Versöhnung (2Kor 5,18–20) – vom Umgang mit biographischen Brüchen

Beziehung und Theologie verbinden sich auch in der ausführlichen Verteidigung der *diakonia* des Paulus gegenüber der Gemeinde in Korinth (2Kor 2,14–7,4), namentlich in der Selbstvorstellung des Paulus als Botschafter der Versöhnung in 5,18–20. Er beschreibt, dass mit dem Tod Jesu alles anders ist (5,14f) und daher, «wer in Christus ist, eine neue Schöpfung ist» (5,17), um dann fortzufahren:

«Das alles ist von Gott, der uns mit sich selbst versöhnt hat durch Christus und uns die Aufgabe (diakonia) *der Versöhnung gegeben hat. Das heißt: Gott versöhnte in Christus die Menschenwelt mit sich, indem er ihnen ihre Sünden nicht anrechnete, und setzte unter uns die Botschaft der Versöhnung ein. An Christi Stelle nun treten wir als Gesandte auf, wie wenn Gott durch uns mahnt. Wir bitten euch an der Stelle Christi: ‹Lasst euch versöhnen mit Gott›!»* (5,18–20).

Der Text wird in den evangelischen Kirchen als Votum bei der Ordination gelesen,[45] das Pfarramt gern nach der Lutherübersetzung als «Amt, das die Versöhnung predigt», bezeichnet. Paulus entwirft hier allerdings nicht die Vorstellung eines «Amtes», zumal nicht um die Predigt konzentriert, sondern seinen persönlichen Auftrag an der Gemeinde von Korinth, wiederum mittels einer Metapher. Die Deutung, dass Paulus in erster Linie seine eigene Rolle präsentiert, ist zwar umstritten,[46] aber nach meiner Überzeugung die plausibelste. Ohne die Auslegung im Einzelnen begründen zu können,[47] soll dieses Textverständnis metapherntheoretisch fokussiert entfaltet werden. Wir um-

---

45 Als Lesung bei Ordinationen wird 2Kor 5,18–20 bzw. 5,19f beispielsweise vorgeschlagen in der Agende der Evangelischen Kirchen der Union, in der Reformierten Liturgie (1999) und der Agende der Evangelisch-Lutherischen Kirchen von 1987 sowie der Erprobungsagende von 2009.
46 Fast möchte man sagen, dass «unversöhnlich» um die Deutung gekämpft wird. Vor allem wird diskutiert, ob der Text Paulus selbst fokussiert (so hier) oder allgemeiner von Aposteln bzw. der Rolle des Evangeliums spricht. Weiter ist umstritten, ob die Versöhnungskonzeption die Vorstellung des sühnenden Todes Jesu voraussetzt und traditionsgeschichtlich mit ihr verbunden ist (das wird hier bestritten), und schließlich, ob Versöhnung sich erst dann realisiert, wenn die Menschen das Angebot annehmen (so wird hier votiert), oder Versöhnung im Kreuzestod bereits objektiv geschehen ist. Für die hier abgelehnte Deutung vgl. beispielhaft und pointiert Hofius, Art. Versöhnung.
47 Dargestellt und sorgfältig abgewogen bei Schmeller, Der zweite Brief, S. 315ff z. St. Als grundlegend und forschungsgeschichtlich zentral vgl. zur Semantik Breytenbach, Versöhnung, für die Auslegung des Textes im Kontext der Apologie Schröter, Versöhner.

reißen zunächst den größeren Kontext und damit den Bildempfänger, weil dieser das Verständnis steuert.

Der Kontext (2Kor 5,11–17)

In 2Kor 2,14–7,4 geht es Paulus darum, sich und seine Beauftragung gegenüber der Gemeinde in Korinth zu verteidigen. Das bedeutet, dass die Aussagen in der 1. Person Plural, also das «Wir» meist auf Paulus allein zu beziehen sind.[48] Erkennbar wird das daran, dass Paulus immer wieder metaphorisch auf seinen einzigartig «gebrochenen» Lebenswandel und seine besondere göttliche Befähigung zu sprechen kommt, also seine Wende vom Verfolger der Christusanhänger zum berufenen Apostel der Völker. Davon erzählt schon die den Abschnitt eröffnende Metapher in einer Miniatur: «Dank sei Gott, der uns [Paulus] allezeit umherführt im Triumphzug.» Paulus, der ehedem die Christusanhängerinnen verfolgte, muss nun, von Gott überwältigt, Gott als Sieger aller Welt demonstrieren (2,14).[49] Die sich anschließende Verteidigung seines Wirkens wird legitimiert durch die Frage, wer zu einer solchen Verkündigungstätigkeit befähigt ist (2,16b). Selbstempfehlungen sind verpönt, und darum vereinnahmt Paulus die Gemeinde in Korinth als Empfehlungsschreiben: «*Ihr* seid unser Empfehlungsschreiben, eingraviert in unser Herz, erkannt und gelesen von allen Menschen [...]» (3,2), so beschreibt er das Verhältnis in einer wiederum originellen Metapher[50].

In 5,11f setzt er erneut ein: Er beabsichtige nicht, sich selbst zu empfehlen, sondern den Briefadressatinnen einen Anlass zu geben, sich seiner zu rühmen, denn seine Hingabe für die Gemeinde zeichnet ihn so aus, dass es den Adressaten zum Ruhm gereichen sollte (5,12). Mehrfach wechselt Paulus in den Versen 5,13–16 zwischen Aussagen über sich selbst (V. 13.14a. 16) und allgemeinen Feststellungen über das Neue in Christus (V. 14b.15. 17). Wir verstehen V. 18 am besten, wenn wir ihn wiederum als Aussage des Paulus über sich selbst lesen, die seine Berufungserfahrung beschreibt: «Das alles ist von Gott, der uns [Paulus] mit ihm selbst versöhnt hat durch Christus und uns [Paulus] die Aufgabe (*diakonia*) der Versöhnung gegeben hat.»

---

48 Vgl. Schmeller, Der zweite Brief, S. 59ff.
49 Zur Auslegung Schröter, Versöhner, S. 13–23.
50 Vgl. genauer Gerber, Paulus, S. 176–181.

Der Bildspender: Gesandtschaft und Versöhnung

Mit dem Stichwort «Versöhnung» (*katallagē* etc.) wird eine Metapher eingeleitet, für uns wegen ihrer Vertrautheit kaum hörbar.[51] Deutlicher erkennbar wird der Bildspender erst in 5,20: Paulus spricht von seinem Auftreten als Gesandter (*presbeuein*), der an der Stelle Christi eine Bitte überbringt. Der Bildspender nimmt die Welt der zwischenstaatlichen Diplomatie auf, nicht eine biblische, sondern hellenistische Vorstellung.[52] «Versöhnung» beschreibt die Aufhebung von Feindschaft zwischen Menschen (s. 1Kor 7,11), vor allem zwischen Staaten. Der Zusammenhang wird in Röm 5,10 deutlich, wo Paulus parallel zur Rechtfertigung von der Versöhnung als Beseitigung der Feindschaft spricht: «Als wir noch Feinde waren, wurden wir mit Gott versöhnt durch den Tod seines Sohnes [...]»

2Kor 5,18–20 ist darin besonders, dass Paulus mit der Metapher nicht nur das Gottesverhältnis allgemein beschreibt, sondern sein eigenes Geschick und seine weitere Aufgabe für die Gemeinde innerhalb dieses Versöhnungsgeschehens. Dazu nimmt er auf die in der Diplomatie bekannte Rolle eines Gesandten Bezug, der ein Friedensangebot überbringt.

Bemerkenswert ist – und das immerhin ist in der Forschung unumstritten –, dass Paulus in 2Kor 5,18–20 wie Röm 5,10 das herkömmliche Konzept der «Versöhnung» aufnimmt und zugleich bricht. Denn Versöhnung geschieht als Akt gegenseitigen Ausgleichs; man versöhnt sich selbst mit jemandem. Das Konzept wird im hellenistischen Judentum für die Gottesbeziehung auch nur so gebraucht, dass Gott sich mit den Menschen versöhnen lässt, etwa aufgrund von Gebeten.[53] Hier hingegen ist das Verhältnis «verdreht»: Gott versöhnt Menschen mit sich (d. h. mit Gott), ohne dass die Menschen von sich aus einen Schritt dazu taten. Das Leben des Paulus ist ein Beispiel für diese unverdiente Gnade – aber auch dafür, dass sie Folgen im Leben hat oder haben sollte.

Einzelne Metaphern können nie alles abbilden, sondern nur Aspekte. In diesem Fall passt die Rolle Jesu Christi nicht in das Rollenrepertoire des Bildspenders. Wenn Paulus die Versöhnungsmetapher aufnimmt, weist er zwar darauf hin, dass diese Versöhnung durch oder in Christus geschieht (Röm 5,10; 2Kor 5,18.19, vgl. 5,21). Das ist als Hinweis auf Jesu Tod und

---

51 «Versöhnung» kann in der Dogmatik als soteriologischer Grundbegriff fungieren (wie die Metapher «Erlösung») und wird so z. B. in Karl Barths Kirchlicher Dogmatik eingesetzt (KD IV); vgl. Korsch, Art. Versöhnung III.
52 Dies hat vor allem Breytenbach, Versöhnung, nachgewiesen; vgl. auch ders., Art. *katallassō*.
53 Vgl. Breytenbach, Art. *katalassō*, S. 1778, etwa 2Makk 1,5: «Gott möge eure Bitten erhören und sich mit euch versöhnen» (oder auch: versöhnen lassen).

Auferweckung als Heilsereignis zu verstehen.[54] Doch innerhalb des Bildspenders ist nicht zu verdeutlichen, wieso Gottes Versöhnungstat sich an den Tod Jesu bindet. Die Erwähnung Christi bleibt merkwürdig «additiv». In 2Kor 5,18–20 stellt Paulus sich vor allem selbst vor.

Die Metapher vom «versöhnten Versöhner»[55]

Wenn wir 5,18 so verstehen, dass Paulus von sich spricht, dann schildert er zunächst seine eigene «Versöhnungserfahrung». Gott hat ihn mit sich versöhnt und beauftragt, diese Versöhnung weiter zu verkündigen. Er interpretiert also seine gebrochene Biographie und Berufungserfahrung als Verwandlung seiner Person vom Feind Gottes zum Missionar «durch Christus». (Eine nostrifizierende Lektüre ist also kühn, da die Durchschnittschristin das sicher nicht für sich beanspruchen kann!)

In V. 19 weitet sich der Blick wieder, Paulus spricht von der Versöhnung des Kosmos: «Das heißt: Gott versöhnte in Christus die Menschenwelt (*kosmos*) mit sich, indem er ihnen ihre Sünden nicht anrechnete, und setzte unter uns die Botschaft der Versöhnung ein.»[56] Wiederum geht die Versöhnung mit der Menschenwelt von Gott aus, und hier wird dies «finanzmetaphorisch» genauer gedeutet als Nichtanrechnen der Sünden, als «Schuldenerlass». Versöhnung konnte wirklich werden, indem man bereit war, Belastendes zu vergessen.[57] Wie das «in Christus» zu denken ist, wird nicht entfaltet – darauf liegt nicht der Ton.

Die allgemeine Versöhnungsaussage V. 19 scheint auf den ersten Blick parallel zu der auf Paulus bezogenen V. 18. Doch es gibt einen entscheidenden Unterschied im Vergangenheitstempus des Verbs «versöhnen» (*katallassein*). Während V. 18 von dem Versöhnungshandeln an Paulus als abgeschlossenem Vorgang spricht (Aorist), steht in V. 19 das Imperfekt, das über den Abschluss der Versöhnung keine Auskunft gibt. Wenn wir V. 19 so verstehen, dass die «Versöhnung der Menschenwelt» noch nicht abgeschlossen ist, führt

---

54 So ausdrücklich in Röm 5,10; vgl. auch die Interpretation des Todes Jesu als befreiend in 2Kor 5,14f.
55 So der Buchtitel von Schröter.
56 Die Übersetzungen unterscheiden meist in 5,19 zwei Akte: «Denn Gott war in Christus und versöhnte die Welt mit sich selber» (Lutherübersetzung), was die Vorstellung eröffnet, dass Gott im sterbenden Christus anwesend war und durch dessen Tod (oft als Sühne gedeutet) die Versöhnung ermöglichte. Das halte ich mit vielen für grammatisch unmöglich. Vielmehr handelt es sich bei *ēn katallassōn* um eine Umschreibung des Imperfekts (s. Schmeller, Der zweite Brief, S. 33f z. St.).
57 Breytenbach, Versöhnung, S. 55.134.

V. 20 sinnvoll weiter. Paulus malt seine *diakonia* aus als die Vermittlungsaufgabe eines Gesandten, der ein Friedensangebot überbringt. «An Christi Stelle nun treten wir als Gesandte auf, wie wenn Gott durch uns mahnt. Wir bitten euch an der Stelle Christi: Lasst euch versöhnen mit Gott!»

Das aber bedeutet: Die Annahme der von Gott ausgehenden Versöhnung ist notwendig, damit diese Wirklichkeit wird. Was Paulus für seine Person als abgeschlossenes Geschehen darstellen kann (V. 18), wird sich an denen, die die Versöhnungsbotschaft hören, erst vollenden, wenn diese «sich mit Gott versöhnen lassen». – Hier liegt, das sei nebenbei bemerkt, ein Grund für den Streit über Versöhnung. Einer Theologie, die die Geltung der Rettungstat Gottes unabhängig von menschlichen Reaktionen betont, erscheint eine solche Selbstvorstellung des Paulus (bzw. eine solche Deutung) hybrid.[58] Gleichwohl wird nur so die pointierte Aufforderung in 5,20 verständlich.

Die Versöhnung geht von Gott aus, der in Christus gehandelt hat. 5,21 macht das in einem Bild vom Tausch deutlich, das vielleicht daran anknüpft, dass *katallagē* auch einfach «Veränderung, Tausch» bedeuten kann. «Christus, der selbst keine Sünde kannte, wurde für uns zur Sünde gemacht, damit wir zur Gerechtigkeit Gottes in ihm werden». Die Sentenz ist allgemein, und auch 5,20 handelt nicht notwendig nur von Paulus selbst, sondern kann in dem «Wir» auch andere Missionarinnen, Verkündiger inkludieren. In 6,1 jedoch kommt Paulus wieder auf seine «Arbeit» an der Gemeinde in Korinth selbst zu sprechen: «Als Mitarbeiter reden wir euch zu, damit ihr die Gnade Gottes nicht vergeblich empfangt.»

Ein Bild für die Stellvertretung Christi

Wir werfen einen Blick zurück auf die Rolle, die Paulus sich in der Gemeinde zuschreibt. Mit 5,18 interpretiert er seine problematische Biographie als einen spezifischen Teil des göttlichen Heilshandelns. Ihm wurde gerade als dem, der von Gott versöhnt wurde, die Aufgabe zuteil, diese Versöhnung zu verkündigen. Er beansprucht also gegen Kritik eine hohe Bedeutung seiner Person für die Gemeinde. Denn wenn Versöhnung erst dann realisiert wird, wenn die Gemeinde das Versöhnungsangebot annimmt, so wie es Paulus in 5,20 ruft, dann ist Paulus selbst für die Gemeinde höchst wichtig. Sie steht in der Gefahr, die Gnade zu vergeuden (6,1), wenn sie das Versöhnungsangebot nicht annimmt.

Damit legt Paulus wiederum ein Verständnis der Situation vor, das von dem der Adressaten durchaus abweichen kann: Sie mögen sich als mit Gott

---

[58] Vgl. in diesem Sinne die Deutung Hofius', Art. Versöhnung.

versöhnt verstehen – und Paulus, den Apostel in der Ferne, nun entbehrlich finden. Paulus verknüpft dagegen seine Person und die Versöhnung der Gemeinde mit Gott und suggeriert: Die fehlende Anerkennung seiner Person ist Ausdruck dessen, dass die Glaubenden auch Gottes Versöhnungsangebot noch nicht angenommen haben.[59]

Bemerkenswert ist schließlich, dass Paulus die Rolle des Gesandten gleich doppelt als Stellvertretung Christi, ja Gottes beschreibt: «An Christi Stelle sind wir Gesandte, wie wenn Gott durch uns mahnt; wir bitten an Christi Stelle [...]» (5,20). Hier scheint die Rede von der «Christusrepräsentanz», die im Apostolat nicht impliziert ist, angebracht. An die Stelle Christi, der als Erhöhter nicht selbst bitten kann, tritt Paulus, wie wenn Gott durch ihn bittet.

4) Metaphorische Beziehungsarbeit – Schlussfolgerungen

Eine Fülle weiterer Metaphern, die mittels verschiedener Bildspender unterschiedliche Relationen darstellen, könnte diesen hinzugefügt werden. Auch wenn die Situationen, die die Metaphern erzählen und «bearbeiten», variieren, so konvergieren die Metaphern darin, dass Paulus eine über die reine «Gemeindegründung» hinausgehende Bedeutung in den Gemeinden von Thessalonich, Korinth, Galatien und Philippi beansprucht. Dieser Anspruch ist offensichtlich nicht bereits mit der Rolle des Apostels gesetzt. Dass ein Apostel über die erste Evangelisierung der Gemeinde hinaus eine Bedeutung in der Gemeinde hat, folgt nicht bereits aus seiner Sendung.

Paulus zieht immer wieder andere Bildspender heran. Das zeigt uns, dass es kein Grundkonzept, auch keine typische Beziehung der Alltagswelt gibt, die Paulus generell übertragen könnte. Während es sich offenbar früh etabliert, das Miteinander der Christusgläubigen untereinander als Geschwisterbeziehung zu metaphorisieren, gibt es kein soziales Vorbild für die Beziehung des Paulus zu den von ihm gegründeten Gemeinden.

Es gibt jedoch eine wiederkehrende Struktur: Paulus tritt immer wieder in der übergeordneten Rolle auf, als Brautvermittler, Vater, Gebärerin, Gesandter usw. Und er wählt immer wieder Bildspendebereiche, die eine exklusive Relation verbildlichen können. Diese bieten sich insbesondere dann an, wenn es zur Beziehung zwischen Paulus und den von ihm gegründeten Gemeinden «Alternativangebote» gibt, andere Missionare, die vor Ort sind.

---

59 Dies ist die These Schröters, dass Paulus sich in 2Kor 2,14–7,4 als «unentbehrlicher Mittler im Heilsvorgang zwischen Gott und Gemeinde» darstellt (so der Untertitel zu «Der versöhnte Versöhner»).

Paulus argumentiert dann vor allem damit, dass er als Erster vor Ort eine besondere Rolle in der Gemeinde hat.[60] Und er legitimiert sich, wie wir in 2Kor 5 sahen, auch mit seiner besonderen Biographie. Beides widerrät, aus den Rollenmodellen des Paulus Konzepte für ein gemeindeleitendes Amt entwickeln zu wollen.

Für uns verbietet sich daher m. E. eine die eigene Amtspraxis legitimierende Übernahme der «Amtsmetaphern» des Paulus. Überdies sind die Beobachtungen von prinzipieller Bedeutung, auch für das Verstehen sonstiger biblischer Metaphern. Denn wenn Metaphern nicht im Text selbst «existieren», sondern nur als Aussage, heißt das auch für unser Lesen, dass Metaphern nur dann, wenn wir sie als solche wahrnehmen, ihre Wirkung entfalten können. Gerade «lebendige Metaphern» sind ja nicht ersetzbar durch eigentliche Sprache und verlangen daher «Arbeit am Sinn». Für uns ist diese Arbeit noch anspruchsvoller als für die Adressatinnen der Paulusbriefe. Das gilt nicht nur wegen der besagten Distanz und unserer Unkenntnis der metaphorisch beschriebenen Situation. Es gilt auch deshalb, weil die zwischen dem Text und uns liegende Rezeption der Metaphern die Lektüre verändert. Denn das Metaphernverständnis verändert sich mit der Vertrautheit durch den sprachlichen Gebrauch. Mit der Rezeption wächst stetig «die Gefahr», dass die Hörenden für die metaphorische Spannung unsensibel werden. Damit deren Wirkpotential nicht verloren geht, müssen wir uns gewissermaßen virtuell zurückversetzen in die Situation, in der die Metaphern noch frisch waren – soweit das gehen mag.

Wie die Wirklichkeit nur als sprachlich vermittelte existiert, haben Metaphern eine unhintergehbare Bedeutung, die Wirklichkeit neu zu beschreiben. Aber da Metaphern zugleich mit dem Bildspender ein Verständnis von Wirklichkeit voraussetzen und im Übertragungsprozess auch auf ein Verständnis vom Bildempfänger rekurrieren, sind sie nie einfach aufzulösen. Die Arbeit an biblischen Metaphern erinnert so manchmal an das Lösen einer Gleichung mit zwei Unbekannten.

Bedacht werden muss aber auch, dass Metaphern nie die ganze Wirklichkeit erfassen, sondern im Bildspender immer nur einige Aspekte hervorheben, andere aber zugleich verdunkeln. Keine Metapher ist umfassend, und je mehr sie durch die Tradition zur «eigentlichen» Bezeichnung wird, desto mehr geht zugleich das Bewusstsein für die Aspekte verloren, die die Metapher in den Schatten gestellt hatte. Solche Verluste treffen ins Herz der Theologie. Gerade die Gottesbilder und die Christologie verarmen, wenn das

---

60 Vgl. so vor allem 1Kor 3f und dazu unten Kap. V 2).

Bewusstsein dafür schwindet, dass «Gott Vater», «Christus der Sohn» und vieles mehr Metaphern sind.

Metaphern sind wie die Beziehungen also nie «stabil», nie zu fixieren auf eine bleibende Bedeutung. Die Arbeit am Sinn kann daher immer nur annäherungsweise geschehen – und muss im Grunde immer wieder neu für die eigene Gegenwart geleistet werden.

V «Werdet meine Nachahmer!» (1Kor 4,16) – Niedrigkeit und Autoritätsanspruch

1Kor 1–4 ist für die Frage nach der kontextuellen Kommunikation des Paulus ein besonders interessanter Text. Er spricht eine konkrete Situation an, argumentiert aber auch prinzipiell und verbindet dabei Autoritätsanspruch und Niedrigkeitsideal. Wiederum spielen diverse Metaphern eine argumentative Rolle. Zwei verschiedene Fäden sind im Text auszumachen, die einerseits Niedrigkeit im Kontext des Wortes vom Kreuz beschreiben, andererseits einen Autoritätsanspruch des Paulus markieren. Wie sich das beides verbindet, ist vordergründig nicht klar. Ich möchte im Folgenden eine Rekonstruktion der Argumentation vorschlagen, die die Kontextgebundenheit der Aussagen verdeutlicht. Wiederum werden wir uns durch eine Fülle von Metaphern arbeiten, aber auch die Frage der Relevanz für heute stellen.

1) Streit in Korinth

«Ich bin des Paulus!» – «Ich bin des Apollos» ...! (1,10–17)

Die ersten vier Kapitel des Briefes nach Korinth, den Paulus gegen 55 n. Chr. aus Ephesus schrieb,[1] sind ein in sich abgeschlossener Briefabschnitt. In 1,10 setzt Paulus nach Präskript und Danksagung thematisch ein mit einer klaren Forderung: «Ich ermahne euch aber, Geschwister, um des Namens unseres Herren Jesu Christi willen, dass ihr alle dasselbe sagt und unter euch nicht Spaltungen sind, sondern ihr zurechtgebracht seid in demselben Sinn und derselben Meinung.» In 4,14 wiederholt er diese Einleitung «Ich ermahne euch», um den Abschluss der Einheit anzudeuten.

«Einheit», *concordia*, ist in der Antike ein Wert an sich. Hält man heute in westlichen Kulturen Pluralität in Ehren, so baute man damals der Eintracht einen Altar.[2] In der korinthischen Gemeinde ist diese Einheit bedroht, so sieht es jedenfalls Paulus. Denn ihm ist zu Ohren gekommen, dass sich Gruppen gebildet haben, die sich streiten, und dass sich einzelne Gemeindeglieder auf unterschiedliche Autoritäten berufen: «Ich bin des Paulus», «Ich

---

1   Zu den Einleitungsfragen vgl. Schmeller, Der erste Korintherbrief. Aus 1Kor 5,9 geht hervor, dass Paulus bereits einen offenbar nicht erhaltenen Brief nach Korinth geschrieben hatte, den sogenannten Vorbrief.
2   Vgl. Bloch, Art. Concordia.

des Apollos»³, «Ich des Kefas»⁴. Die Situation ist für uns kaum zu rekonstruieren. Deutlich ist nur, dass Apollos nach Paulus in Korinth war und sich nun offenbar Gruppen gebildet haben, die sich gegeneinander in Stellung bringen, indem sie sich auf einzelne Missionare als Identifikationsfiguren berufen.

In einer ersten ironisierenden Reaktion macht Paulus klar, dass hier «Christus zerteilt wird», da verschiedene Missionare an seine Stelle gesetzt werden: «Ist etwa Paulus für euch gekreuzigt worden, oder wurdet ihr auf den Namen des Paulus getauft?» (1,13). Dass es zwischen den Gruppen einen inhaltlichen Streit gäbe – die Forschung hat viel Mühe darauf verwandt, eine korinthische Weisheitstheologie zu rekonstruieren⁵ –, wird nicht erkennbar. Paulus kritisiert nicht eine Gruppe wegen ihres Programms, sondern er kritisiert die Gruppenbildung als solche, namentlich die damit einhergehenden Rivalitäten.⁶ Das Problem dieser Gruppenkonflikte ist für ihn nicht nur, dass die Einheit verloren geht, sondern auch, dass sich darin eine mangelnde religiöse Reife ausdrückt.

Das nämlich hält er der Gemeinde in einer pointierten Metapher zum Schluss eines längeren Gedankengangs in 3,1–4 vor: «Ich kann zu euch nur reden [...] wie zu Säuglingen in Christus» (3,1). Paulus nimmt eine Metapherntradition auf, in der guter Unterricht als Verabreichung der dem Lebensalter angepassten Nahrung beschrieben wird,⁷ und stellt sich selbst in dieses Bildfeld: «Milch gab ich euch zu trinken, nicht feste Speise. Ihr wart ja nicht in der Lage (diese zu verdauen)» (3,2). Anfängliche Unreife ist nicht das Problem, aber die Adressatinnen bleiben in ihrer Entwicklung stecken. Paulus entwickelt aus der Metapher eine scharfe Kritik: «Aber ihr könnt es jetzt immer noch nicht (verdauen). Denn ihr seid noch ‹fleischlich›⁸. Wo nämlich

---

3 Apollos war nach Apg 18,24 ein redegewandter Jude aus Alexandria, der, wie auch Apg 19,1 berichtet, nach Paulus in Korinth war. Die oft vertretene These, dass er dort ob seiner Weisheit berühmt war, mag zutreffen, ist aber nicht zu belegen. In 1Kor 16,12 erwähnt Paulus, dass er ihn zu einer erneuten Reise nach Korinth motivieren wollte. Das zeigt, dass Paulus ihn einerseits nicht als Konkurrenten sieht, andererseits aber nicht wie Timotheus nach Bedarf schicken kann.
4 Kefas, Simon Petrus, war nach 1Kor 9,5 auch unterwegs; ob er bis Korinth kam, ist offen. Fraglich ist vor allem aber, ob das Zitat «Ich aber bin des Christus» (1,12) auf eine «Christuspartei» in Korinth hinweist. Mir scheint wahrscheinlicher, dass die Formulierung überspitzt, um die konkurrierenden Selbstidentifikationen ad absurdum zu führen. Vgl. insgesamt Schrage, Der erste Brief, S. 142–148.
5 Vgl. Schrage, Der erste Brief, S. 38–63 zur «korinthischen Theologie».
6 Vgl. dazu Konradt, Korinthische Weisheit.
7 Die Tradition ist etwa in der Stoa belegt; vgl. Gerber, Paulus, S. 374–376.
8 «Fleischlich» (*sarkinos* bzw. *sarkikos*) beschreibt bei Paulus als Gegenteil von «geistlich»

unter euch Eifersucht und Streit ist, seid ihr da nicht ‹fleischlich› und wandelt orientiert an Menschen? Wenn nämlich die eine sagt ‹Ich bin des Paulus›, der andere aber ‹Ich bin des Apollos›, seid ihr dann nicht (einfach) Menschen?» (3,2–4).
Der Streit ist Zeichen einer ethischen Unreife, die nun auch theologisch signifikant ist.

Der Logos vom Kreuz (1,18–25)

Inhaltlich hat Paulus die theologische Dimension angesprochen in der «Argumentation *(logos)* mit dem Kreuz» (1,18–25). Die Entfaltung der darin gegebenen Erkenntnis von Gottes Weisheit und Wirkmächtigkeit (*dynamis*) ist von zentralem Gewicht im argumentativen Kontext, obwohl die Situation in Korinth gar nicht direkt angesprochen wird. So kann uns die viel rezipierte Passage[9] auch als hermeneutisches Beispiel dienen, wie Paulus selbst einen theologischen Gedanken auf eine aktuelle Situation anwendet.[10]

Im Zentrum steht die Verkündigung des «gekreuzigten Christus». Dieser scheint den «jüdischen Menschen ein Ärgernis, den Völkern eine Dummheit, für uns aber, die Berufenen, jüdische wie nichtjüdische Menschen, ist Christus Gottes Kraft und Gottes Weisheit» (1,23f). «Der gekreuzigte Christus» ist ein Widerspruch in sich, die Zusammenfassung einer ganzen Erzählung, deren Anstößigkeit sich mit der Ästhetisierung des Symbols, mit Triumphkreuzen oder gar politischer Vereinnahmung des Kreuzes als Siegeszeichen verliert.[11] Die Verkündigung, dass ein am Kreuz als Verbrecher Hingerichteter und damit öffentlich Gefolterter und Entehrter der als Heilsbringer erwartete Messias ist, entbehrt jeder Rationalität, ist «Dummheit». Und sie entbehrt jeder Evidenz und Plausibilität innerhalb der jüdischen Erwartung, nach der der Messias dem Volk Heil bringen werde. Ein Gekreuzigter galt hingegen als von Gott Verfluchter.[12] Es ist nicht der Tod Jesu als solcher, auf den Paulus hier abhebt, sondern die Hinrichtung am Kreuz, die dem Ster-

---

 die negative Seite des Menschseins, die Gebundenheit an das Vergängliche, nicht nur den Körper.
9 Zu von 1Kor 1,18ff angeregten Formen der *theologia crucis* (Theologie des Kreuzes), wie sie etwa Luther in der Heidelberger Disputation prägnant gegen eine theologia gloriae (Theologie der Herrlichkeit) setzte, vgl. Schrage, Der erste Brief, S. 192–203.
10 Vgl. zur Einheit von Wesens- und Erkenntnisfragen im Blick auf das Kreuz Wolter, Paulus, S. 120–124. – 2,1–16 muss hier aus pragmatischen Gründen übergangen werden; dort wird die Frage, wie sich die Weisheit Gottes vermittelt, vertieft.
11 Zur Kreuzigungsstrafe vgl. Taeger, Art. Kreuzigung.
12 Vgl. Gal 3,13, das in diesem Sinne Dtn 21,22f aufnimmt.

benden jede Würde nimmt, ihn öffentlich in seiner Ohnmacht ausstellt und damit zwingt, die Macht der Richter und Henker zu demonstrieren. Wenn aber gerade dieser der Messias sein soll, an dem Gott seine Kraft erweist – womit implizit auf Gottes Macht zur Auferweckung des Gekreuzigten angespielt ist –, dann ist deutlich, dass die weltliche Logik von Macht und Ohnmacht vor Gott nicht gilt. «Hat nicht Gott die Weisheit der Welt zur Torheit gemacht?» (1,20).

Nicht Stärke oder Weisheitsworte (1,26–31; 2,1–5)

Auch wenn diese Botschaft innerhalb der weltlichen Maßstäbe nicht zu vermitteln ist, will Paulus sie den Menschen in Korinth an ihnen selbst verdeutlichen. An ihrer Berufung können sie ablesen, dass Gott nicht Weise, Starke, Hochwohlgeborene erwählt hat, sondern diese herabgesetzt hat, indem er das in der Welt Dumme, das Schwache, das, was nichts ist, erwählt hat (1,26-28). Damit ist ausgeschlossen, dass irgendjemand Grund hat, sich selbst vor Gott zu rühmen (1,29); er mag sich rühmen, wenn er sich Gottes rühmt (1,31).

Auch sich selbst bringt Paulus hier als Beispiel, indem er an seinen ersten Aufenthalt in Korinth erinnert (2,1–5). Er sei ohne besondere Rede oder Weisheit aufgetreten, «in Schwäche und Furcht und Zittern» (2,3), ganz bezogen auf Christus als den Gekreuzigten. Geist und Kraft hat er gezeigt, so dass «euer Glaube nicht durch die Weisheit von Menschen, sondern die Kraft Gottes entstehe» (2,5). Was später, wie 2Kor 10–13 zeigt, zum Problem wird, das wenig imposante Auftreten des Paulus,[13] kann hier noch als Beleg gelten: Die Botschaft folgt nicht den herkömmlichen Wertvorstellungen, sondern zeigt sich gerade in dem, was äußerlich nichts hermacht. Sie hat eine andere Rationalität und Evidenz als es im Konzept der «Weisheit der Welt» erkennbar wird.

Was aber hat das mit den Rivalitäten in Korinth zu tun? Das führt Paulus nicht aus, aber die Schlussfolgerungen sind vorbereitet. Wer sich gegen andere abgrenzt, indem er sich auf einen Missionar beruft und damit implizit beansprucht, zum Besseren zu gehören, und die anderen abwertet, folgt noch der Weisheit der Welt. Solcherart Konkurrenzen, solcherart Rühmen «entleeren das Kreuz Christi», wie Paulus mit einer anschaulichen Metapher sagt, die das Kreuz, konträr zum Werkzeug der tödlichen Folter, als Fülle vorstellt (1,17).

---

13 Vgl. Kap. II 2) zum Text.

2) Paulus als Gärtner, Baumeister, Erzeuger und Vorbild

Überraschend ist nun, dass Paulus nicht mit dem naheliegenden Vorschlag schließt, dass alle sich auf Christus allein beziehen sollen, sich «des Herrn rühmen» (1,31), alle übereinstimmend sagen: «Ich bin des Christus». Dann gäbe es keine Rivalitäten mehr. Doch Paulus fügt der unfreundlichen Metapher von den Säuglingen, die nur Milch vertragen, längere Ausführungen an über sich und Apollos und die missionarische Arbeit (3,5–4,21). Weitere Metaphern, die verschiedene Alltagsbereiche auf die Beziehung der Missionare zur Gemeinde in Korinth übertragen, entwickeln ein fast kubistisches Bild. Immer wieder andere Aspekte rücken in den Vordergrund, aber stets steht Paulus im Mittelpunkt.

Gärtner im Garten Gottes (3,5–9.9–17)

«Was ist Apollos? Was aber ist Paulus? Diener (*diakonoi*), durch die ihr zum Glauben gekommen seid, und jedem, wie der Herr es gegeben hat. Ich habe gepflanzt, Apollos gewässert, aber Gott hat es wachsen lassen. Und so bedeutet weder der, der pflanzt, etwas noch der, der wässert, sondern Gott, der wachsen lässt» (3,5–7). Im Mittelpunkt der Rivalitäten stehen, der Rekonstruktion des Paulus zufolge, Apollos und Paulus. Gewitzt ordnet Paulus sie so zu, dass man sowohl seine Bescheidenheit sieht, weist er doch darauf hin, dass eigentlich Gott wirkt,[14] wie auch, dass er selbst bereits vor Apollos tätig war. Bedeuten beide angesichts des Wirkens Gottes nichts, so sind sie doch vor Gottes Bewertungsgericht unterschieden. Dies fügt Paulus an, indem er die Gärtner als bezahlte Lohnarbeiter zeigt; das Lohnmotiv ist eine stehende Metapher für das Endgericht. «Der, der pflanzt, und der, der wässert, sind eins, jeder aber wird individuellen Lohn empfangen gemäß der individuellen Mühe» (3,8).

Die Vorstellung, dass Missionare im Endgericht individuell danach bewertet werden, was sie leisten, ist bei Paulus öfter zu greifen. Sie prägt nicht nur die folgende Baumetapher, sondern steht z. B. auch hinter der Rede von der Gemeinde als «Ruhmeskranz» vor dem Herrn bei der Parusie (1Thess 2,19). Um es – wie sonst? – metaphorisch zu sagen: Missionsarbeit ist eine von Gott übertragene Arbeitsaufgabe. «Wir sind Mitarbeiter Gottes» (3,9) sagt Paulus über Apollos und sich. Heute spricht man gern von «Mitarbeitern

---

14 Die Darstellung setzt den Glauben an Gott als Schöpfer voraus und nimmt ein biblisches Bildfeld auf. Während in der Tradition Gott selbst «Ackerbauer» ist, sind es nun die Missionare; vgl. Gerber, Paulus, S. 378ff.

und Mitarbeiterinnen», um Arbeitshierarchien zu vernebeln. In 1Kor 3,9 hingegen markiert die Formulierung eine Mittelstellung zwischen Gott, dem Auftraggeber, und der Gemeinde als «Gottes Ackerfeld, Gottes Bau» (3,9). Der «Arbeiter» muss sein Werk gegenüber seinem Auftraggeber verantworten. Im Sinne der paulinischen Gerichtserwartung wird es am Ende der Tage geprüft werden, und das Ergehen des Missionars im Endgericht entscheidet sich an seiner Leistung.[15] Diese Vorstellung kann mit unterschiedlichen Pointen platziert werden. In 1Thess 2,19f loben die Missionare euphorisch die Gemeinde: «[...] Ihr nämlich seid unser Ruhm und unsere Freude.» In 1Kor 4,1–5 hingegen metaphorisiert Paulus sich und andere Missionarinnen als «Diener Christi und Hausverwalter der Geheimnisse Gottes», um der Gemeinde die Kompetenz zum Richten abzusprechen.

In 1Kor 3,9–17 begegnet das Motiv schließlich in einer Baumetapher, um alle zu warnen, die sich an der Gemeinde in Korinth zu schaffen machen. Aus der Gemeinde als Ackerfeld Gottes wird sein Bau (3,9), und Paulus mutiert zum «weisen Bauleiter»[16].

Bauleute und ihre Verantwortung (3,9–17)

«Einen andern Grund kann niemand legen als den, der gelegt ist, welcher ist Jesus Christus» (1Kor 3,11 Lutherübersetzung). Die Sentenz wird gern zitiert. Die hier aufgegriffene Baumetapher ist das einzige der ekklesiologischen Bilder des Paulus, das in den kirchlichen Sprachgebrauch eingegangen ist. Sie hat eine hohe Evidenz, weil wir Kirchen auch als Gebäude kennen – in der ersten Zeit des Christentums lag dies aber fern. Und selten ist bewusst, dass Paulus hier nicht eigentlich von Gott als «Fundamentleger» spricht, sondern von sich selbst und von der Gemeinde in Korinth. Denn das dient ihm dazu, alle anderen, die an der Gemeinde wirken, auf ihre Plätze zu verweisen.

---

15 Vgl. zu den Erwartungen des Paulus an sein persönliches Endgeschick und zur Bedeutung seiner missionarischen Tätigkeit für dieses Schapdick, Eschatisches Heil. – Die heute oft anstößige Gerichtsvorstellung ist im frühen Christentum selbstverständlich, aber nicht einheitlich und systematisch erarbeitet, sondern je nach Zweck abgestimmt, sei es zum Trost über Verfolgerinnen, die ihr Urteil empfangen werden, sei es als Motivation für die Ethik (vgl. Wolter, Paulus, S. 217–223).
16 Paulus bezeichnet sich in Anspielung auf biblische Formulierungen als «*sophos architektōn*»; letzterer plant, anders als nach unserem Sprachgebrauch, nicht nur den Bau, sondern beaufsichtigt auch die Ausführung. – Zur mehrdimensionalen Aufnahme der Baumetaphorik (in der die im AT auf Gott bezogene Bautätigkeit nun auf Missionarinnen bezogen wird) s. Gerber, Paulus, S. 382–391.

«Gemäß der Gnadengabe Gottes, die mir geschenkt wurde, habe ich als weiser Bauleiter den Grundstein gelegt, ein anderer baut weiter. Jeder sehe aber darauf, wie er weiterbaut!» (3,10). Die Warnung an alle, die weiterbauen, sich ihrer Verantwortung bewusst zu sein, wird in der Metapher ausgestaltet. Zum Bau als Bildspender tritt das Feuer, das aus der Gerichtsmetaphorik vertraut ist. «Wenn jemand auf den Grundstein weiterbaut Gold, Silber, kostbare Steine, Holz, Heu, Stroh, wird eines jeden Werk sichtbar werden, denn der Tag wird es offenlegen, wenn im Feuer offenbart wird. Und das Werk jedes, was es auch sei, wird das Feuer prüfen» (3,12f). Eine Bauabnahmeprüfung mittels Feuer ist nicht wirklich sinnvoll. Die Aussage muss vom Bildempfänger, vom Gerichtsgedanken her verstanden werden. Im Endgericht wird geprüft werden, wessen Werk Bestand hat. «Wenn jemandes Werk bleibt, das er darauf gebaut hat, wird er Lohn empfangen. Wenn jemandes Werk verbrannt werden wird, wird es Schaden erleiden, er selbst aber wird gerettet werden, so wie durchs Feuer» (3,14f). Paulus selbst scheint sich sicher zu sein, dass das von ihm gelegte Fundament, anders als «Holz, Heu, Stroh», im Feuer bestehen kann.

Der einzige Erzeuger als Vorbild (4,14–21)[17]

Zum Schluss seiner Ausführungen bündelt Paulus seine Argumentation mit Achtergewicht in einer pointierten Metapher vom Vater und seinen Kindern. Zuvor hatte er in einem eindringlichen Peristasenkatalog dargestellt, welche Mühen und Verachtung die Apostel auf sich nehmen für ihre missionarische Tätigkeit. Er leitet diese Liste ein mit sarkastischen Worten gegen die Korintherinnen, die sich bereits als Sieger fühlen:[18] «Ihr seid bereits satt. Ihr seid bereits reich, ihr seid ohne uns an die Herrschaft gelangt – ich wünschte, ihr wäret wirklich zur Herrschaft gelangt, damit auch wir mit euch zusammen herrschen können!» (4,8). Da dem aber nicht so ist, müssen die Apostel noch die widrigen Lebensumstände und die Verachtung der Welt auf sich nehmen, um die Gemeinde weiter zu begleiten:

«Denn mir scheint, Gott hat uns, die Apostel, als Letzte ausgestellt, wie Todgeweihte, denn wir sind zum Spektakel für die Welt und für Engel und

---

17 Vgl. detailliert Gerber, Paulus, S. 398–425.
18 Der Paraphrase liegt die Deutung zugrunde, dass der Peristasenkatalog nicht eine vorbildliche Leidensexistenz entwirft, sondern den Korintherinnen die Probleme vorhält, die die missionarische Tätigkeit bis zur Gegenwart mit sich bringt. Diese wähnen sich schon der missionarischen Betreuung entwachsen («herrschen»), bedürfen aber noch der Begleitung. Zur Begründung der Interpretation s. Gerber, Paulus, S. 394–398.

Menschen geworden [...] Bis zur Stunde hungern und dürsten wir, laufen dürftig bekleidet und werden geschlagen, sind ohne festen Wohnsitz, und mühen uns bei der Arbeit mit eigenen Händen. Geschmäht segnen wir dennoch, verfolgt harren wir aus, verspottet reden wir gut zu. Zum Unrat der Welt sind wir geworden, zum Abschaum aller bis jetzt» (4,9–13).

Um die Wirkung dieser heftigen Schelte wieder «einzufangen», setzt Paulus in 4,14 freundlich an, entwickelt daraus aber einen scharfen Appell an die Gemeinde: «Nicht um euch zu beschämen, habe ich euch das geschrieben, sondern um euch als meine geliebten Kinder zu ermahnen. Denn wenn ihr auch Tausende Aufsichtspersonen in Christus habt, so habt ihr doch nicht viele Väter. Denn *ich* habe euch in Christus Jesus durch das Evangelium gezeugt» (4,14f). Paulus wählt also einen weiteren Bildspender, die Eltern-Kind-Relation, um sein Verhältnis zur Gemeinde darzustellen. Wiederum berichtet er nicht objektiv, sondern wertet und begründet damit implizit seinen Autoritätsanspruch. Deutlicher als in den Gärtner- und Baumeister-Metaphern vermittelt der Bildspender «Vaterschaft» die Einzigartigkeit des Paulus. Es mag sein, dass unzählige andere die Gemeinde betreuen,[19] aber es gibt nur einen Vater, und das ist Paulus. Als «Zeugungsakt», als seinen «Vaterschaftsnachweis» führt er die erfolgreiche Gemeindegründung an.

Die Metapher dient nicht nur der Beziehungspflege, wie die freundliche Anrede als «geliebte Kinder» anmutet, sondern sie hat einen hierarchisch-pädagogischen Impuls. Der Vater ermahnt (4,14), und vor allem erzieht er. Ein Vater ist nach antikem Ideal das erste und möglichst auch gute Beispiel für seine Kinder. Eben darum folgert Paulus aus dem Vaterschaftsanspruch: «Ich mahne euch, werdet meine Nachahmerinnen!» (4,16).

Vater-Kinder-Metaphern dienen auch in anderen neutestamentlichen Schriften dazu, eine Nachahmungsaufforderung zu begründen. So ruft Jesus in der Bergpredigt auf, sich an Gott als Vater zu orientieren. Denn wie dieser Sonne und Regen gibt auch über Böse, so sollen sie zu «Söhnen und Töchtern eures Vaters in den Himmeln werden», indem sie ihre Feinde lieben (Mt 5,45.48).[20]

Wenn Paulus hier – wie auch in anderen Briefen an von ihm gegründete Gemeinden – nicht zur Nachahmung Gottes oder zur Nachfolge Jesu auffor-

---

19 Der *paidagōgos*, mit dem Paulus hier den Vater vergleicht, hat wenig mit unserem Pädagogen zu tun; er ist kein Lehrer, sondern vom Vater für die Beaufsichtigung der Kinder abgeordnet; vgl. Gerber, Paulus, S. 407–409.
20 Vgl. Eph 5,1; vgl. auch die Vorbildfunktion von Gott als Vater für Jesus als Sohn in Joh 5,19f.

dert,[21] sondern verlangt, ihn selbst nachzuahmen, drückt sich ein starker Autoritätsanspruch aus. Der wird auch im ganzen Kontext deutlich. Denn im Anschluss spricht Paulus davon, dass er Timotheus schicke, der sein «geliebtes und treues Kind im Herrn ist» und die Gemeinde erinnern wird an die Wege des Paulus und das, was dieser in jeder Gemeinde lehrt (4,17). Die, welche sich «aufblasen», weil er nicht selbst kommt, warnt er scharf. Er werde schnellst möglich kommen und dann die Kraft dieser Aufgeblasenen auf die Probe stellen (4,18f). «Was wollt ihr? Soll ich mit dem Stock zu euch kommen oder in Liebe und dem Geist der Sanftmut?» (4,21), so fragt er abschließend, immer noch in der Rolle des Vaters, der in der Antike den Stock zu gebrauchen wusste.[22]

Worin aber will Paulus nachgeahmt werden? In 1Kor 11,1 wird er diese Aufforderung wiederholen, dann aber inhaltlich präzisieren. Er ist Vorbild darin, dass er nicht seinen Nutzen sucht, sondern den der Vielen, damit sie gerettet werden. «Werdet meine Nachahmer, wie auch ich Christi» (10,33–11,1). Paulus führt sich den Gemeinden, die Christus selbst nicht mehr erleben können, als Vorbild der Christusnachahmung vor Augen. Er macht ihnen mittelbar Christus ansichtig.

In 4,16 jedoch, am Ende der ausführlichen Einlassungen zum Streit in Korinth und der Frage nach der Bedeutung der Missionare, fehlt eine solche Präzisierung. Die Nachahmungsaufforderung entfaltet damit einen umso größeren Machtanspruch. Das Vorbild gilt als Ideal, und alles, was davon abweicht, als unvollkommen.[23]

Es stellt sich daher und angesichts der Selbstpräsentation des Paulus als einzigen Vaters samt Drohgebärden die Frage, wie dieser exklusive Autoritäts- und Machtanspruch zu der Kritik passt, die Paulus eingangs am «Statusgebaren» in Korinth geäußert hatte. Sollen also alle doch sagen: «Ich bin des Paulus!» – ? Wie passt dieser Machtanspruch zur Darstellung der Niedrigkeit der Apostel (2,1–5; 4,8–13) und zur Forderung, nicht «an Menschen orientiert zu wandeln» (3,3f)?

---

21 Zu seiner Nachahmung fordert Paulus auch in 1Kor 11,1; Gal 4,12; Phil 3,17; 4,9 auf; vgl. auch 1Thess 1,6f. Auf Jesus als Vorbild verweist Paulus kaum, am deutlichsten in Phil 2,1–11; 2Kor 8,9. Zu den einzelnen Texten und der Diskussion s. Gerber, Paulus, S. 415–420.
22 Vgl. Gerber, Paulus, S. 420ff.
23 Vgl. so besonders Castelli, Imitating Paul, mit einem an M. Foucault geschulten Blick für die Macht des Diskurses.

3) Niedrigkeit und Autoritätsanspruch des Paulus

Ein viel vertretener Vorschlag, um die Spannung zwischen Niedrigkeit und Autoritätsanspruch zu lösen, lautet, Paulus wolle gerade in seiner bewusst akzeptierten Niedrigkeit Vorbild sein. Die Nachahmungsaufforderung von 4,16 habe im Peristasenkatalog 4,9–13 ihren Inhalt. Paulus präsentiert sich dann als Vorbild im Erdulden eines niedrigen Lebens.[24] Die Lebensführung, auf die Paulus in 4,17 verweise, hebe auf die «Kreuzförmigkeit der apostolischen Existenz» ab; mit diesem «Ruf unter das Kreuz» habe er ein von den konkreten Situationen unabhängiges Kriterium, das er in allen Gemeinden lehre und je unterschiedlich entfalten könne, in Korinth etwa als Kritik am Enthusiasmus.[25] Kann Paulus damit ein Ideal christlicher Leitung sein,[26] ein Vorbild für autoritätskritische Haltung, da er «am eigenen Beispiel die Relativität innergemeindlicher Autorität heraus(stellt)»?[27]

Gegen diese elegante Lösung der Spannung spricht einiges. In 4,8–13 schildert Paulus diese niedrige Lebensweise gerade nicht als Ideal, sondern als das, was die Apostel um der Gemeinde willen «bis jetzt» in Kauf nehmen, da diese entgegen ihrem optimistischen Selbstbild noch nicht «zur Herrschaft» gelangt ist. Es kann kaum Sinn der Sache sein, dass alle eine solche Lebensweise, als «Unrat der Welt» rastlos reisend, für sich wählen. Die Apostel tun dies ja nicht, weil Leiden oder eine Lebensweise «am Rande der Gesellschaft» einen Wert in sich hätte, sondern sie nehmen das in Kauf um ihres missionarischen Auftrags willen. Gerade die Rede von der «kreuzförmigen Existenz» scheint mir in ihrer vorgeblichen Anknüpfung an die Quellensprache prekär. Denn sie blendet mit dem nun positiv gemeinten Schlagwort «Kreuz» das Problem des Leidens aus und «entleert» dabei zugleich das Kreuz (1,17), nämlich Einmalige des Kreuzestodes Jesu, der nicht weiteres Leiden fordert.

Damit scheidet aber auch die Deutung aus, dass Paulus hier ein Vorbild für Amtsträger ist. Nicht bestritten sei, dass es Amtsträgerinnen immer gut ansteht, ihren eigenen Machtanspruch und dessen oft unbewusste Realisierung kritisch zu analysieren. Aber Paulus schreibt nicht darüber, und er relativiert seinen Anspruch nicht, wenn er ihn als Dienst an der Gemeinde dar-

---

24 Vgl. Gerber, Paulus, S.413, für Vertreter der These.
25 Schrage, Der erste Brief, S.360; vgl. auch ders., Das apostolische Amt.
26 So die These von Clarke, Christian Leadership: Paulus wolle sich in 1Kor 1–6 als Modell dafür entwerfen.
27 Vgl. so Theißen, Religion, S.117ff, Zitat S.120, der Paulus und die Selbstunterordnung in 3,21–23 im Zusammenhang der christlichen Demutsvorstellung deutet.

stellt,[28] sondern bekräftigt ihn vielmehr und setzt ihn in der ganzen Sprachhandlung noch einmal um.

Meines Erachtens ist die Spannung zwischen Niedrigkeitsdiskurs und Machtanspruch nur aufzulösen, wenn beide Aspekte unterschiedlich bezogen werden: Niedrigkeit gilt in Bezug auf den Status in der Welt, Autorität gilt in religiösen Dingen. Der Niedrigkeitsdiskurs beschreibt allgemein, dass Gott das in den Maßstäben der Welt Niedrige, Schwache, Törichte nicht so bewertet, sondern im Gegenteil erwählt hat (1,26ff). Nicht freiwillige Selbsterniedrigung um ihrer selbst willen ist gefordert, sondern sich dieser Bewertung Gottes anzuschließen, statt sich an den Maßstäben der Welt zu orientieren. Niedrigkeit ist hier also an Maßstäben der Welt bemessen. Paulus und die Apostel, so wie sie in 2,1–5 und 4,8–13 erscheinen, erdulden darin noch mehr, denn sie nehmen für ihren missionarischen Erfolg eine entbehrungsreiche Lebensweise in Kauf, die sie in den Augen der Welt als lächerlich, ja todgeweiht dastehen lässt.

Unter denen, die für den neuen Glauben gewonnen werden, vermag Paulus gleichwohl den «Erweis des Geistes und der Kraft» (2,4) zu entfalten. Und so beansprucht er gegenüber der Gemeinde unabhängig von seinem weltlich niedrigen Status eine hohe religiöse Autorität. Diese legitimiert sich aus seiner Berufung (1,17), seinem Erfolg (2,4) und ganz konkret gegenüber der Gemeinde in Korinth aus der Tatsache, dass er diese gegründet hat und darum ihr einziger «Vater» ist und bleibt. Wer sich auch immer sonst noch an der Gemeinde zu schaffen macht – ein Vater bleibt Vater, auch wenn er in der Ferne weilt und am persönlichen Kommen gehindert ist.

Denkt man von diesem Vater-Anspruch und dem Nachahmungsappell weiter, dann bietet er auch eine Lösung für die gemeindlichen Spannungen. Denn wenn alle sich darauf besinnen, dass Paulus ihr «Erzeuger» ist und mit dem «Fundament» den bleibenden Grund für ihre Gemeinde gelegt hat, wenn alle sich deshalb gemeinsam an Paulus orientieren, sind sie, wie Paulus in 1,10f forderte, «eines Sinnes». Zumindest die folgenden Kapitel des Briefes, die zu vielen konkreten Problemen der Gemeinde Stellung nehmen, setzen voraus, dass man Paulus Urteilsvermögen und Autorität zubilligt.

Wir sehen einen hohen Autoritätsanspruch des Paulus, doch dieser relativiert sich zugleich, allerdings anders, als eben vorgeschlagen. Denn Paulus verlangt ja nicht absolute Anerkennung seines Apostolats, sondern die Anerkennung in einer bestimmten Gemeinde, die er begründet hat. So wenig er

---

28 Auch die «Hierarchie» in 3,21–23, auf die sich Theißen beispielsweise bezieht, hebt darauf ab, dass die Missionare im Dienst der Gemeinde stehen. Das schließt einen Autoritätsanspruch gerade nicht aus.

eine solche Rolle allgemein beansprucht, so wenig taugt seine metaphorische Selbstpräsentation als Vorbild für christliche Amtsträgerinnen.

Wie sich die Gemeinde in Korinth zu diesem Anspruch verhalten hat, ist offen. Der 2Kor lässt durchblicken, dass die Gemeinde sich zumindest in Teilen am Auftreten und dem Anspruch des Paulus, exklusive Bezugsperson zu sein, gestört hat.

Doch müssen *wir* uns zu diesem Autoritätsanspruch des Paulus verhalten? Er gilt offenbar nicht «uns» und steht innerhalb einer Kultur, die Autorität als notwendig und positiv bewertete. Er richtet sich an bestimmte Gemeinden und wird legitimiert durch eine einzigartige göttliche Berufungserfahrung und pneumatisch-missionarische Existenz. Problematisch scheint mir der Autoritätsanspruch dann zu werden, wenn wir ihn aus diesem Kontext lösen und irgendwie legitimieren im Dienste einer «Nostrifizierung». Das gilt ebenso für den Niedrigkeitsdiskurs. Er hat seinen Ort in der Kritik an Welt-Weisen (1,20f) und an «Aufgeblasenen» (4,6) und in der Aufwertung dessen, was nach Maßstäben der Welt nichts ist (1,28). Er wird pervertiert, wenn er zur Demütigung derer dient, die sich als Nichts erleben, oder wenn er Leiden als Selbstwert preist, statt Unrecht zu bekämpfen. Paulus würdigt nicht ein niedriges Leben und Leiden als an sich positiv, sondern nur dasjenige Leiden, das um der Glaubensüberzeugungen willen in Kauf genommen wird.[29]

---

29 U.a.1Thess 1,6f; 1Kor 4,9ff; 2Kor 4,7–12.

VI «Was sollen wir nun hierzu sagen?» (Röm 8,31) – ein Schluss

Wenn Paulus im Römerbrief so fragt, dann weiß er in der Regel eine Antwort.[1] Die Frage aber, was «*wir* nun hierzu sagen sollen», was also «wir» aus den hier entfalteten Überlegungen für die «theologische Gegenwartsdeutung» schließen – wie es der Reihe «Theologische Studien» obliegt –, ist nicht generell zu beantworten. Die Einzeldarlegungen der Kap. II–V sollten zwar zu Applikationen des Gesagten einladen. Die Schwierigkeit aber, eine allgemeine Summe zu ziehen, ergibt sich aus der Sache selbst. Sie entspricht den hermeneutischen Überlegungen wie den inhaltlichen Beobachtungen zu den Paulusbriefen (s. Kap. I). Die Einzelauslegungen sollten eben dies verdeutlichen, dass Aussagen des Paulus – wie Bibeltexte sonst – nicht unvermittelt in die Gegenwart zu übertragen sind. Am Beispiel der Metaphernauslegung wurde überdies methodisch deutlich, dass die Exegese ihr Ziel, die Erstrezeption zu rekonstruieren, nie so wird erreichen können, dass sie die Deutung ein für alle Mal fixiert.

Dass dies nicht als Verlust an klarer Orientierung wahrgenommen werden muss, sondern in ein bereicherndes Gespräch mit den Texten und miteinander über die Texte führen kann, soll abschließend kurz bedacht werden. Ich rekapituliere daher die Beobachtungen, um – in einer den hermeneutischen Überlegungen entsprechend notwendig subjektiv-kontextuellen Weise – anzudeuten, worin ich deren Gegenwartsrelevanz sehe.

Unter der Formel «Vom Lesen fremder Briefe» galt es, für die Kommunikationsdimension der paulinischen Schriften und damit unsere Distanz zu ihnen zu sensibilisieren. Dazu wurde eine Beziehungsgeschichte «hinter den Texten» rekonstruiert – nicht als die einzig wahre Perspektive, aber als eine mögliche Interpretation. Liest man die Schriften des Paulus als echte Briefe, dann zeigt sich, dass sie unhintergehbar mitgeprägt sind von der Beziehung zu den adressierten Menschen und von der Situation, die sie voraussetzen. Paulus schreibt in der Regel an Menschen, die er selbst für das Evangelium gewonnen hat und die ihn persönlich kennen.[2] Auch theologische Ausführun-

---

1 Vgl. zu Röm 8,31 analog 3,5; 4,1; 6,1; 7,7; 9,14.30.
2 Nimmt der Römerbrief hierin eine Sonderstellung ein, da er nicht an eine von Paulus gegründete Gemeinde geschrieben wurde, so ist doch auch ihm wesentlich an der Beziehung zu den Adressaten gelegen (s. Kap. 2).

gen nehmen auf die gegenseitige Beziehung und konkrete Anfragen sowie die Situation der Adressatinnen Bezug.

Der Blick auf die Funktion der Briefgattung zeigt, wie sehr die Paulusbriefe selbst damit befasst sind, diese Beziehung zu bestimmen, und wie wenig sie dabei eine klare Rolle und Autorität des Verfassers voraussetzen können. Die Vorstellung, mit dem Apostolat des Paulus sei sein «Amt» gesetzt und seine Autorität legitimiert, ist anachronistisch. Diese Idee folgt dem Bild der Pastoralbriefe und der kirchlichen Tradition. Doch was ein «Apostel» ist, ist in den ersten Jahren interpretationsoffen. Paulus verbindet mit seiner Berufung zum Apostel zwar den Auftrag zur Verkündigung des Evangeliums unter Nichtjüdinnen. Dass er aber über die Erstmission hinaus eine Bedeutung in den Gemeinden hat, muss er immer wieder erst brieflich begründen. Um seinen Einfluss auf die konkreten Gemeinden zu autorisieren, kann er nicht auf sozial eingespielte Rollen und Hierarchien zurückgreifen. Eine Fülle von Metaphern aus der Alltagswelt soll es leisten, diese mit dem Evangelium neu entstandene Beziehung zu gestalten. Auch die Metaphern bilden nicht einfach ab, was ist, sondern sind ein Versuch, durch die in ihnen implizit behaupteten Analogien die Rolle des Paulus und die wechselseitige Beziehung zur Gemeinde zu verwirklichen. Wenn auch die Metaphern sehr unterschiedlich agieren, so stimmen sie darin überein, einen exklusiven Autoritätsanspruch des Paulus legitimierend zu versinnbildlichen.

Es ist leichter zu sagen, was deshalb *nicht* aus den Paulusbriefen zu folgern ist; den Splitter in der Auslegung anderer sieht man schärfer als den Balken in der eigenen. Unpassend ist die Unterstellung der protestantischen Lektüre, die Luise Schottroff treffend karikiert: «Der Apostel ist systematischer Theologe, er ist Identifikationsfigur für den Interpreten und den protestantischen Pfarrer, er ist männlichen Geschlechts und hat gegenüber seinen Gegnern immer recht.»[3] Als Rollenmodell für den Pfarrer oder die Pfarrerin eignet Paulus sich höchstens mittelbar. Sein Autoritätsanspruch bezieht sich auf seine besondere Berufung und nur auf von ihm gegründete Gemeinden. Als von Gott Versöhntem wurde ihm die Aufgabe zuteil, die Versöhnung zu predigen. Er leitet nicht in fester Stelle Gesprächskreise in einer Kirchengemeinde, sondern ist unterwegs zu Menschen, die das Evangelium nicht kennen. Auch «systematisch» wirken seine situationsbezogenen theologischen Ausführungen nur im Vergleich mit den narrativen Texten der Evangelien. Die Briefe argumentieren in der Auseinandersetzung mit anderen oft nicht erkennbar theologisch, sondern polemisieren, um Konkurrenz

---

[3] Schottroff, Wie lese ich die Briefe des Paulus, S. 108.

«wegzubeißen». Dass Paulus «immer recht hat», lässt sich nur behaupten, wenn man – was die Exegese virtuos praktiziert – die uns unbekannten Gegnerinnen so imaginiert, dass «der Apostel» als Retter der Wahrheit des Evangeliums erscheint.

Was aber lässt sich positiv sagen auf die Frage, wie die Lektüre der Paulusbriefe die Gegenwart erhellt? Für mich konvergieren die hermeneutischen Feststellungen über die Beteiligung der Leserinnen an der Sinngebung des Textes und die inhaltlichen Beobachtungen, die an den Paulusbriefen die Unhintergehbarkeit der Kommunikationsdimension aufzeigten: Die Lektüre kann nicht abstrahieren von dem lesenden Subjekt, und ebenso verliert die theologische Bedeutung der paulinischen Schriften erheblich, wenn man absieht von ihrer Gattung, der metaphorischen Gestalt der Sprache und den in den Texten konkret angesprochenen Situationen – und das heißt auch: ihrer Kontingenz. Daraus folgt, dass es einen Fixpunkt, einen archimedischen Punkt, einen Ursprung von unumstrittener Autorität, mithin einen normativen Anfang für die Theologie und für die Lektüre der Paulusbriefe nicht gibt. Man kann das als Manko sehen – oder wertschätzen als Einladung, sich in ein offenes, lebendiges Gespräch über die theologische Weltdeutung zu begeben.

Die Metapher von dem «lebendigen Gespräch» soll den Lebenswert des Unabgeschlossenen, Nichtfixierten zeigen. Und so ist die Sichtweise, dass die Paulusbriefe kommunikative Handlungen sind und nicht Reservoir unumstößlicher theologischer Wahrheiten, zu übertragen auch auf die Bezugnahme der heutigen Leser auf diese Paulusbriefe. Auch die Lektüre der Paulusbriefe und die Diskussion über ihre Bedeutung kann als lebendige Kommunikationshandlung gewürdigt werden. Analogien zur Gegenwart lassen sich ziehen zu dem, was sich in den Paulusbriefen als Spuren gelebten Lebens abzeichnet; das sei zum Schluss kurz angedeutet. Die Paulusbriefe gelten der Beziehungspflege, da die Weitergabe des Evangeliums von persönlicher Glaubwürdigkeit lebt. Sie ringen um Autorität, können diese aber nicht voraussetzen. Sie bilden nicht einfach die Wirklichkeit ab, sondern sie suchen in Metaphern nach der Möglichkeit, bestimmten Menschen eine neue Wirklichkeitssicht plausibel zu machen. Die neu entstandene Beziehung zwischen Apostel und Gemeinde ist nicht nur Mittel zur Mission, sondern theologisch relevanter Teil dieser neuen Wirklichkeit. Das meint jedenfalls Paulus. Die Paulusbriefe zeugen aber ebenso von der produktiven Kraft von Konflikten: Wie viele Briefe wären uns überliefert, hätte es diese Konflikte um die Autorität des Paulus nicht gegeben oder hätte Paulus den Streit gescheut? Die Auseinandersetzung mit anderen Haltungen zwingt zur Selbstklärung.

Die Paulusbriefe als fremde Briefe zu lesen, bedeutet nicht nur Verzicht auf Vereinnahmung. Wer sich bemüht, deren Fremdheit immer wieder wahrzunehmen, erkennt darin etwas über das eigene Fragen und mithin die eigene Gegenwart. Was, das lässt sich gerade nicht allgemeingültig festhalten. Die Kapitel dieses Essays über die Bedeutung eines echten Briefes, über Autoritätskonflikte und metaphorische Beziehungspflege, über die Unschärfe des apostolischen Anfangs oder darüber, dass schon damals eine beziehungswichtige Frage war, wer zahlt – möchten dazu anregen, sich an diesem lebendigen Gespräch zu beteiligen.

Literaturverzeichnis

Alkier, Stefan, Wunder und Wirklichkeit in den Briefen des Paulus. Ein Beitrag zu einem Wunderverständnis jenseits von Entmythologisierung und Rehistorisierung (WUNT 134), Tübingen 2001

Bauer, Thomas J., Paulus und die kaiserzeitliche Epistolographie. Kontextualisierung und Analyse der Briefe an Philemon und an die Galater (WUNT 276), Tübingen 2011

Becker, Jürgen, Mündliche und schriftliche Autorität im frühen Christentum, Tübingen 2012

Becker, Jürgen, Paulus. Der Apostel der Völker (UTB 2014), Tübingen 3. Aufl. 1998

Beinert, Wolfgang, Apostolisch. Anatomie eines Begriffs, in: D. Sattler/G. Wenz (Hg.), Das Kirchliche Amt in apostolischer Nachfolge II. Ursprünge und Wandlungen (Dialog der Kirchen 13), Freiburg i. Br. u. a. 2006, 274–303

Berger, Klaus, Apostelbrief und apostolische Rede. Zum Formular frühchristlicher Briefe, in: ZNW 65 (1974) S. 190–231

Berger, Peter L./Luckmann, Thomas, Die gesellschaftliche Konstruktion der Wirklichkeit. Eine Theorie der Wissenssoziologie, übers. von M. Plessner, Frankfurt a. M. 1994 (amerikan. Original New York 1966)

Betz, Hans D., Der Galaterbrief. Ein Kommentar zum Brief des Apostels Paulus an die Gemeinden in Galatien, München 1988 (amerikan. Original Philadelphia 1979)

Bloch, René, Art. Concordia, in: Der Neue Pauly 3 (1997) S. 116f

Blumenberg, Hans, Paradigmen zu einer Metaphorologie (1960), Frankfurt a. M. 2. Aufl. 1999

Börschel, Regina, Die Konstruktion einer christlichen Identität. Paulus und die Gemeinde von Thessalonich in ihrer hellenistisch-römischen Umwelt (BBB 128), Berlin u. a. 2001

Böttrich, Christfried, «Ihr seid der Tempel Gottes». Tempelmetaphorik und Gemeinde bei Paulus, in: B. Ego u. a. (Hg.), Gemeinde ohne Tempel. Community without Temple. Zur Substituierung und Transformation des Jerusalemer Tempels und seines Kults im Alten Testament, antiken Judentum und frühen Christentum (WUNT 118), Tübingen 1999, S. 411–425

Breytenbach, Cilliers, Art. *katalassō*, in: ThBLNT[2] 2, Wuppertal 2000, 1777–1780

Breytenbach, Cilliers, Versöhnung. Eine Studie zur paulinischen Soteriologie (WMANT 60), Neukirchen-Vluyn 1989

Brooten, Bernadette, «Junia ... hervorragend unter den Aposteln» (Röm. 16,7), in: E. Moltmann-Wendel (Hg.), Frauenbefreiung. Biblische und theologische Argumente, München u. a. 1982, S. 148–151 (amerikan. Original New York 1977)

Bultmann, Rudolf, Theologie des Neuen Testaments, Tübingen 9. Aufl. 1984

Burchard, Christoph, Der dreizehnte Zeuge. Traditions- und kompositionsgeschichtliche Untersuchungen zu Lukas' Darstellung der Frühzeit des Paulus (FRLANT 103), Göttingen 1970

Castelli, Elisabeth A., Imitating Paul. A Discourse of Power (Literary Currents in Biblical Interpretations), Louisville/Kentucky 1991

Clarke, Andrew D., Secular and Christian Leadership in Corinth: A Socio-Historical and Exegetical Study of 1 Corinthians 1–6 (AGJU 18), Leiden 1993

Collins, John N., Diakonia. Re-interpreting the Ancient Sources, Oxford 1990

Dickson, John, Mission-Commitment in Ancient Judaism and in the Pauline Communities. The Shape, Extent and Background of Early Christian Mission (WUNT 2.159), Tübingen 2003

Domsgen, Michael, Familie und Religion. Grundlagen einer religionspädagogischen Theorie der Familie (Arbeiten zur Praktischen Theologie 26), Leipzig 2004

Ebel, Eva, Das Leben des Paulus, in: O. Wischmeyer (Hg.), Paulus (s. d.), S. 83–96

Ebner, Martin/Schreiber, Stefan (Hg.), Einleitung in das Neue Testament (Studienbücher Theologie 6), Stuttgart 2008

Ebner, Martin, Der Philemonbrief, in: ders./St. Schreiber (Hg.), Einleitung in das Neue Testament (s. d.), S. 397–407

Eco, Umberto, Die Grenzen der Interpretation, übers. von G. Memmert, München 1995 (ital. Original Mailand 1990)

Eco, Umberto, Lector in fabula. Die Mitarbeit der Interpretation in erzählenden Texten, übers. von H.G. Held, München 2. Aufl. 1994 (ital. Original Mailand 1979)

Frey, Jörg, Apostelbegriff, Apostelamt und Apostolizität. Neutestamentliche Perspektiven zur Frage nach der ‹Apostolizität› der Kirche, in: Th. Schneider/G. Wenz (Hg.), Das kirchliche Amt in apostolischer Nachfolge (s. d.), S. 91–188

Frey, Jörg, Galaterbrief, in: O. Wischmeyer (Hg.), Paulus (s. d.), S. 192–216

Frey, Jörg, Paulus und die Apostel. Zur Entwicklung des paulinischen Apostelbegriffs und zum Verhältnis des Heidenapostels zu seinen «Kollegen», in: E.-M. Becker/ P. Pilhofer (Hg.), Biographie und Persönlichkeit des Paulus (WUNT 187), Tübingen 2005, S. 192–227

Funk, Robert W., The Apostolic Parousia: Form and Significance, in: W.R. Farmer u. a. (Hg.), Christian History and Interpretation (FS J. Knox), Cambridge 1967, S. 249–268

Gerber, Christine, «Gott Vater» und die abwesenden Väter. Zur Übersetzung von Metaphern am Beispiel der Familienmetaphorik, in: dies. u. a. (Hg.), Gott heißt nicht nur Vater. Zur Rede über Gott in den Übersetzungen der «Bibel in gerechter Sprache» (Biblisch-theologische Schwerpunkte 32), Göttingen 2008, S. 145–161

Gerber, Christine, Krieg und Hochzeit in Korinth. Das metaphorische Werben des Paulus um die Gemeinde in 2Kor 10,1–6 und 11,1–4, in: ZNW 96 (2005) S. 99–125

Gerber, Christine, Paulus und seine ‹Kinder›. Studien zur Beziehungsmetaphorik in den paulinischen Briefen (BZNW 136), Berlin u. a. 2005

Gräßer, Erich, Der zweite Brief an die Korinther (ÖTK 8), Gütersloh Bd. 1 2002; Bd. 2 2005

Gutierrez, Pedro, La paternité spirituelle selon saint Paul (Études Bibliques), Paris 1968

Haacker, Klaus, Art. Sendung/Mission III, in: ThBLNT 2. Aufl. (2000) S. 1657–1667

Haacker, Klaus, Paulus, der Apostel. Wie er wurde, was er war, Stuttgart 2008

Häfner, Gerd, Die Pastoralbriefe (1Tim/2Tim/Tit), in: M. Ebner/St. Schreiber (Hg.), Einleitung in das Neue Testament (s. d.), S. 450–473

Hahn, Ferdinand, Theologie des Neuen Testaments Bd. 1. Die Vielfalt des Neuen Testaments. Theologiegeschichte des Urchristentums, Tübingen 2002

Härle, Wilfried, Art. Apostolizität, in: RGG 4. Aufl. Bd. 1 (1998) S. 653f

Heininger, Bernhard, Die Rezeption des Paulus im 1. Jahrhundert: Deutero- und Tritopaulinen sowie das Paulusbild der Apostelgeschichte, in: O. Wischmeyer (Hg.), Paulus (s. d.), S. 309–340

Hofius, Otfried, Art. Versöhnung II. Neues Testament, in: TRE 35 (2003) S. 16–22

Holtz, Traugott, Der erste Brief an die Thessalonicher (EKK 13), Zürich u. a. 3. Aufl. 1998

Iser, Wolfgang, Der Akt des Lesens. Theorie ästhetischer Wirkung (UTB 636), München 1994

Kahl, Brigitte, Der Brief an die Gemeinden in Galatien. Vom Unbehagen der Geschlechter und anderen Problemen des Andersseins, in: L. Schottroff u. a. (Hg.), Kompendium Feministische Bibelauslegung, Gütersloh 2. Aufl. 1999, S. 603–611

Klauck, Hans-Josef, Die antike Briefliteratur und das Neue Testament. Ein Lehr- und Arbeitsbuch (UTB 2022), Paderborn u. a. 1998

Koester, Helmut, Art. Evangelium I. Begriff, in: RGG 4. Aufl. 2 (1999) S. 1735–1736

Konradt, Matthias, Die korinthische Weisheit und das Wort vom Kreuz. Erwägungen zur korinthischen Problemkonstellation und paulinischen Intention in 1Kor 1–4, in: ZNW 94 (2003) S. 181–214

Korsch, Dietrich, Art. Versöhnung III. Theologiegeschichtlich und Dogmatisch, in: TRE 35 (2003) S. 22–40

Koskenniemi, Heikki, Studien zur Idee und Phraseologie des griechischen Briefes bis 400 n. Chr. (AASF B 102,2), Helsinki 1956

Krug, Johannes, Die Kraft des Schwachen. Ein Beitrag zur paulinischen Apostolatstheologie (TANZ 37), Tübingen 2001

Kümmel, Werner Georg, Römer 7 und die Bekehrung des Paulus (1929), in: ders., Römer 7 und das Bild des Menschen im Neuen Testament (TB 53), München 1974, 1–160

Lakoff, George/Johnson, Mark, Metaphors We live by, Chicago u. a. 1980

Lindemann, Andreas, Die Rezeption des Paulus im 2. Jahrhundert, in: O. Wischmeyer (Hg.), Paulus (s. d.), S. 341–357

Lohmeyer, Monika, Der Apostelbegriff im Neuen Testament. Eine Untersuchung auf dem Hintergrund der synoptischen Aussendungsreden (SBB 29), Stuttgart 1994

Lohse, Eduard, Paulus. Eine Biographie (beck'sche Reihe 1520), München 2003

Luther, Martin, Vorlesung über den Römerbrief, Lateinisch-Deutsche Ausgabe, Bd. 2, Darmstadt 1960

Martinez, Matias/Scheffel, Michael, Einführung in die Erzähltheorie, München 6. Aufl. 2000

Mayordomo, Moisés, Den Anfang hören. Leseorientierte Evangelienexegese am Beispiel von Matthäus 1–2 (FRLANT 180), Göttingen 1998

Merkt, Andreas, Das Problem der apostolischen Sukzession im Lichte der Patristik, in: Th. Schneider/G. Wenz (Hg.), Das kirchliche Amt (s. d.), S. 264–295

Mitchell, Alan, Freundschaft, in: K. Erlemann u. a. (Hg.), Neues Testament und antike Kultur Bd. 2: Familie, Gesellschaft, Wirtschaft, Neukirchen-Vluyn 2005, S. 75–78

Moxter, Michael, Schrift als Grund und Grenze von Interpretation, in: ZThK 105 (2008) S. 146–169

Neuner, Peter, Art. Sukzession, apostolische III. Ökumenisch, in RGG 4. Aufl. 7 (2004) S. 1862

Osiek, Carolyn, Art. Diakon I. Neues Testament, in: RGG 4. Aufl. 2 (1999) S. 783–784

Paulsen, Henning, Der Zweite Petrusbrief und der Judasbrief (KEK 12/2), Göttingen 1992

Pellegrini, Silvia, Elija – Wegbereiter des Gottessohnes. Eine textsemiotische Untersuchung im Markusevangelium (HBS 26), Freiburg u. a. 2000

Pielenz, Michael, Argumentation und Metapher (Tübinger Beiträge zur Linguistik 381), Tübingen 1993

Poplutz, Uta, Athlet des Evangeliums. Eine motivgeschichtliche Studie zur Wettkampfmetaphorik bei Paulus (HBS 43), Freiburg u. a. 2004

Reinmuth, Eckart, Paulus – Gott neu denken (Biblische Gestalten 9), Leipzig 2004

Rengstorf, Karl Heinrich, Art. *apostellō* etc., in: ThWNT 1 (1933) S. 397–448

Ricoeur, Paul, Die lebendige Metapher (Übergänge 12), München 2. Aufl. 1991 (franz. Original Paris 1975)

Roloff, Jürgen, Art. Apostel etc. I.: Neues Testament, in: TRE 3 (1978) S. 430–445

Sandnes, Karl O., A New Family. Conversion and Ecclesiology in the Early Church with Cross-Cultural Comparisons (SIGC 91), Bern u. a. 1994

Sattler, Dorothea, Überlieferung des apostolischen Glaubens in der kirchlichen Gemeinschaft. Zum Stand der ökumenischen Bemühungen um ein gemeinsames Verständnis der Apostolischen Sukzession in Dialogen mit römisch-katholischer Beteiligung, in: Th. Schneider/G. Wenz (Hg.), Das kirchliche Amt (s. d.), S. 13–37

Schapdick, Stefan, Eschatisches Heil mit eschatischer Anerkennung. Exegetische Untersuchungen zu Funktion und Sachgehalt der paulinischen Verkündigung vom eigenen Endgeschick im Rahmen seiner Korrespondenz an die Thessalonicher, Korinther und Philipper (BBB 164), Göttingen 2011

Schmeller, Thomas, Der erste Korintherbrief, in: M. Ebner/St. Schreiber (Hg.), Einleitung in das Neue Testament (s. d.), S. 303–325

Schmeller, Thomas, Der zweite Brief an die Korinther (EKK 8/1), Neukirchen-Vluyn u. a. 2010

Schneemelcher, Wilhelm/Kasser, Rodolphe, Paulusakten, in: W. Schneemelcher (Hg.), Neutestamentliche Apokryphen Bd. 2. Apostolisches, Apokalypsen und Verwandtes, Tübingen 1989, S. 193–243

Schneider, Theodor/Wenz, Gunter (Hg.), Das kirchliche Amt in apostolischer Nachfolge Bd. 1: Grundlagen und Grundfragen (Dialog der Kirchen 12), Freiburg i. Br. u. a. 2004

Schnelle, Udo, Einleitung in das Neue Testament (UTB 1830), Göttingen 7. Aufl. 2011

Schnelle, Udo, Paulus. Leben und Denken (de Gruyter Lehrbuch), Berlin u. a. 2003
Schottroff, Luise, Wie lese ich die Briefe des Paulus?, in: C. Janssen u. a. (Hg.), Wie Freiheit entsteht. Sozialgeschichtliche Bibelauslegungen, Gütersloh 1999, S. 108–112
Schrage, Wolfgang, Das apostolische Amt des Paulus nach 1Kor 4,14–17, in: A. Vanhoye (Hg.), L'Apôtre Paul. Personnalité, Style et Conception du Ministère (BEThL 73), Löwen 1986, S. 103–119
Schrage, Wolfgang, Der erste Brief an die Korinther Bd. 1 (EKK 7/1), Zürich u. a. 1991
Schreiber, Stefan, Der erste Thessalonicherbrief, in: M. Ebner/ders. (Hg.), Einleitung in das Neue Testament (s. d.), S. 384–396
Schröter, Jens, Der versöhnte Versöhner. Paulus als unentbehrlicher Mittler im Heilsvorgang zwischen Gott und Gemeinde nach 2Kor 2,14–7,4 (TANZ 10), Tübingen 1993
Schröter, Jens, Erinnerung an Jesu Worte. Studien zur Rezeption der Logienüberlieferung in Markus, Q und Thomas (WMANT 76), Neukirchen-Vluyn 1997
Schröter, Jens, Sühne und Stellvertretung und Opfer. Zur Verwendung analytischer Kategorien zur Deutung des Todes Jesu, in: J. Frey/ders., Deutungen des Todes Jesu im Neuen Testament (WUNT 181), Tübingen 2005, S. 51–71
Schulz von Thun, Friedemann, Miteinander reden. 1: Störungen und Klärungen, Reinbek bei Hamburg 1981
Söding, Thomas, Geist und Amt. Übergänge von der Apostolischen zur nachapostolischen Zeit, in: Th. Schneider/G. Wenz (Hg.), Das kirchliche Amt (s. d.), S. 189–263
Stegemann, Ekkehard W., Zur antijüdischen Polemik in 1Thess 2,14–16 (1990), in: ders., Paulus und die Welt. Aufsätze, Hg. von Chr. Tuor u. a., Zürich 2005, S. 59–72
Stegemann, Wolfgang, Anlaß und Hintergrund der Abfassung von 1Thess 2,1–12, in: G. Freund u. a. (Hg.), Theologische Brosamen für L. Steiger (DBAT.B 5), Heidelberg 1985, S. 397–416
Stolle, Volker, Luther und Paulus. Die exegetischen und hermeneutischen Grundlagen der lutherischen Rechtfertigungslehre im Paulinismus Luthers (ABG10), Leipzig 2002
Strecker, Christian, Paulus aus einer «neuen Perspektive». Der Paradigmenwechsel in der jüngeren Paulusforschung, in: KuI 11 (1996), S. 3–18
Taeger, Jens-Wilhelm, Art. Kreuz/Kreuz Christi II. Kreuzigung in der Antike, in: RGG 4. Aufl. 4 (2001) S. 1745f
Theißen, Gerd, Die Religion der ersten Christen. Eine Theorie des Urchristentums, Gütersloh 2000
Theobald, Michael, Der Philipperbrief, in: M. Ebner/St. Schreiber (Hg.), Einleitung in das Neue Testament (s. d.), S. 365–383
Theobald, Michael, Der Römerbrief (EdF 294), Darmstadt 2000
Vorholt, Robert, Der Dienst der Versöhnung. Studien zur Apostolatstheologie bei Paulus (WMANT 118), Neukirchen-Vluyn 2008

Weder, Hans, Die Gleichnisse Jesu als Metaphern. Traditions- und redaktionsgeschichtliche Analysen und Interpretationen (FRLANT 120), Göttingen 3. Aufl. 1984

Weinrich, Harald, Sprache in Texten, Stuttgart 1976

Wenz, Gunther, Von Aposteln und apostolischer Nachfolge. Historisch-kritische Notizen aus aktuellem ökumenischen Anlass, in: Una Sancta 62 (2007) S. 52–72

White, John L., Light from Ancient Letters (Foundations and Facets), Philadelphia 1986

Wischmeyer, Oda (Hg.), Paulus. Leben – Umwelt – Werk – Briefe (UTB 2767), Tübingen 2006

Wolter, Michael, Der Apostel und seine Gemeinden als Teilhaber am Leidensgeschick Jesu Christi: Beobachtungen zur paulinischen Leidenstheologie, in: NTS 36 (1990) S. 535–557

Wolter, Michael, Die Entwicklung des paulinischen Christentums von einer Bekehrungsreligion zu einer Traditionsreligion, in: Early Christianity 1 (2010) S. 15–40

Wolter, Michael, Paulus. Ein Grundriss seiner Theologie, Neukirchen-Vluyn 2011

Zeller, Dieter, Der erste Brief an die Korinther (KEK 5), Göttingen 2010

Zimmermann, Ruben, Geschlechtermetaphorik und Gottesverhältnis. Traditionsgeschichte und Theologie eines Bildfeldes in Urchristentum und antiker Umwelt (WUNT 2.122), Tübingen 2001

Zmijewski, Josef, Der Stil der paulinischen «Narrenrede». Analyse der Sprachgestaltung in 2Kor 11,1–12,10 als Beitrag zur Methodik von Stiluntersuchungen neutestamentlicher Texte (BBB 52), Köln u. a. 1978